陪孩子读《山海经》 鱼蛇篇

徐客／著

江苏凤凰美术出版社

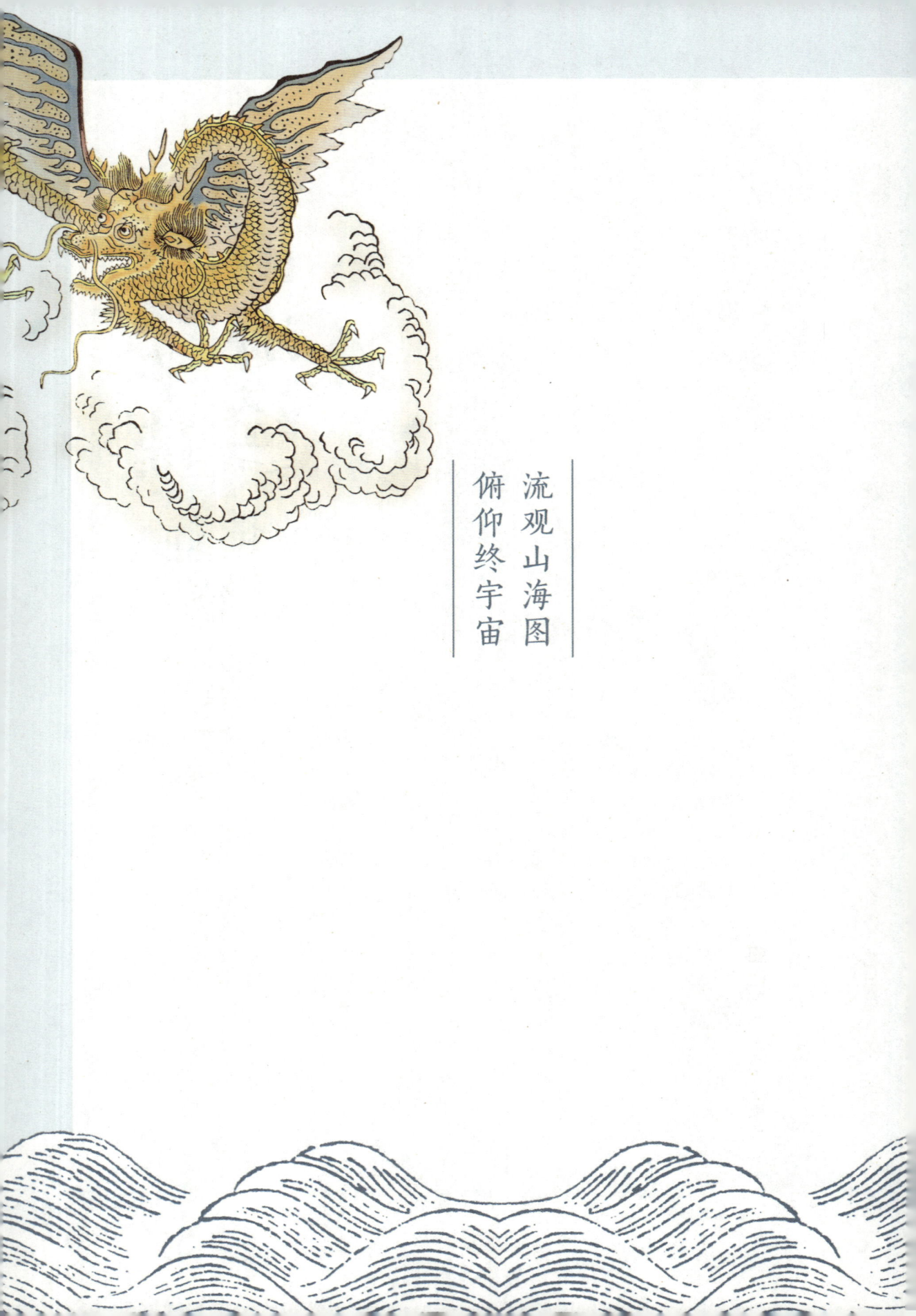

流观山海图
俯仰终宇宙

目录

鱼蛇篇

蝮虫 · 002
鼻子上长有针刺的蛇

旋龟 · 004
鸟头蛇尾的乌龟

鲑 · 007
形状像牛的怪鱼

赤鱬 · 010
长着人脸的鱼

虎蛟 · 013
蛇尾鱼

鲨鱼 · 015
肚子底下的硬角锋利如刀

鮨鱼 · 017
长着猪毛的鱼

肥遗 · 019
四翅毒蛇

鯢鱼 · 022
长着四只脚的鱼

文鳐鱼 · 024
长着翅膀的斑纹鱼

冉遗 · 027
眼睛像马耳朵的六脚鱼

滑鱼	• 029	**龙龟**	• 046
红背鱼		能上树的蛇头龟	
鯈鱼	• 031	**鸣蛇**	• 048
四头六脚三尾鱼		长有两对翅膀的蛇	
何罗鱼	• 033	**化蛇**	• 052
一头十身鱼		人头豺身鸟翅蛇	
鳛鳛鱼	• 035	**鱅鱅鱼**	• 054
长着十个翅膀的鱼		爱睡觉的牛头鱼	
长蛇	• 037	**箴鱼**	• 056
长有钢毛的蛇		嘴巴像针的鱼	
赤鲑	• 040	**鳡鱼**	• 058
椭圆形的鱼		嘴巴特别大的鱼	
鯥鱼	• 042	**珠鳖鱼**	• 060
长着鸡爪子的鲤鱼		四眼六脚鱼	
鮆鱼	• 044	**鳣鱼**	• 062
狗头鱼		短鼻子黄鱼	

鮪鱼	· 064	**飞鱼**	· 086
纺锤形鱼		带蝉翼会飞会游的鱼	
蠵龟	· 066	**旋龟**	· 088
甲上有彩纹的龟		鸟头乌龟	
三足龟	· 071	**脩辟鱼**	· 090
能预防疾病的三脚乌龟		白嘴青蛙鱼	
鲐鲐鱼	· 074	**鯩鱼**	· 092
六脚鸟尾鲤鱼		黑斑鲫鱼	
鳛鱼	· 076	**䱤鱼**	· 094
大头鲤鱼		青斑红尾鳜鱼	
薄鱼	· 078	**鲛鱼**	· 096
单眼鱼		珍珠斑纹鲨鱼	
鳛鱼	· 082	**雷神**	· 098
长着翅膀会发光的鱼		人头龙身神	
豪鱼	· 084	**鼍**	· 102
尾巴上长羽毛的鱼		能吞云吐雾的扬子鳄	

三足鳖 · 105 尾巴分叉的三足鳖	**玄蛇** · 120 黑色的大蛇
烛阴 · 107 人面蛇身的山神	**育蛇** · 122 红颜色的蛇
巴蛇 · 110 可以吞下大象的蛇	**鱼妇** · 124 一半活一半死的鱼
六首蛟 · 114 六头四脚蛇	**延维** · 126 长着两个人头的蛇
大蟹 · 116 只能待在海里的螃蟹	**应龙** · 129 黄帝的神龙
陵鱼 · 118 有手有脚的鱼	**鼓** · 132 人面龙身神

鱼蛇篇

蝮虫
fù chóng

鼻子上长有针刺的蛇

《南山经》

又东三百八十里,曰即翼之山。其中多怪兽,水多怪鱼。多白玉,多蝮虫,多怪蛇,不可以上。

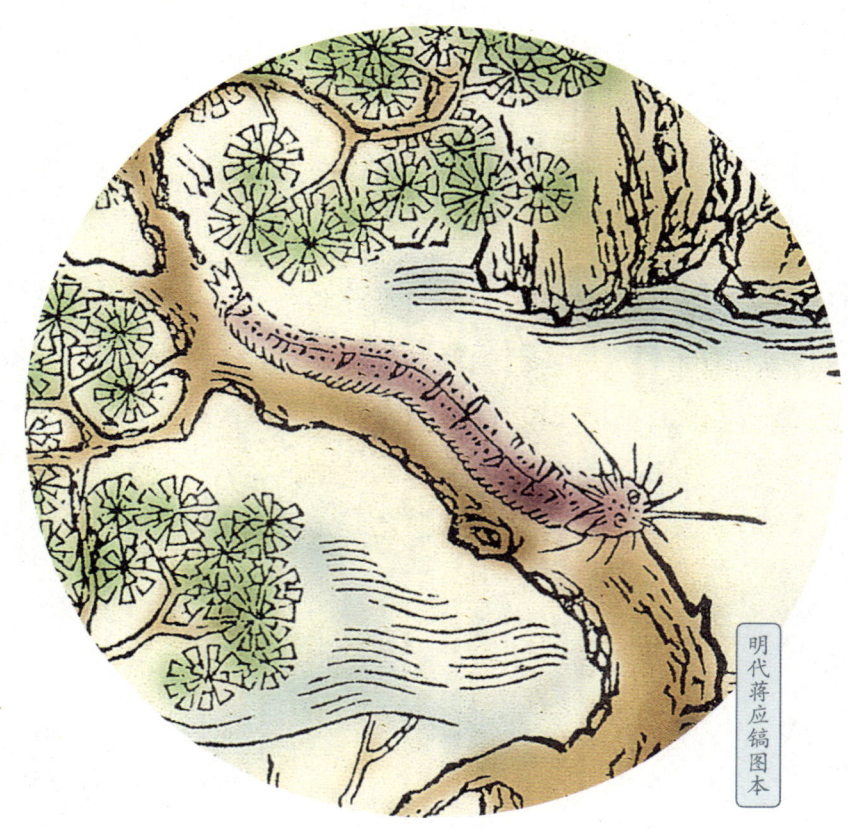

明代蒋应镐图本

形态 蛇的一种,身长三寸,它的头只有人的大拇指大小

住址 即翼山、羽山、非山

堂庭山往东三百八十里是即翼山，山上生长着很多蝮虫。蝮虫是蛇的一种，它身长三寸，头只有人的大拇指大小。也有的说，蝮虫又叫反鼻虫，鼻子上还长有针刺，身上的纹理就像红白两色的绶带。大的蝮虫重达百斤。它栖息在怪树上，身上有纹理保护色。除了即翼山外，羽山、非山都有蝮虫分布。

蝮虫又被称为蝮蛇。在古代传说中，蝮蛇是一种非常可怕的怪物。屈原在《离骚·大招》的招魂词中就说，灵魂不要去南方，因为南方有千里炎火、蝮蛇和一些可怕的动物。

蝮虫又叫蝮蛇、虺（huǐ），是一种十分可怕的动物。关于虺有两种说法：一、它是龙的早期形态，生活在水里，"虺五百年化为蛟，蛟千年化为龙"。二、它是一种恐怖的九头蛇。这两种说法都在讲虺是一种十分凶猛、危险的动物。

清代汪绂图本

清代《尔雅音图》

旋龟
xuán guī
鸟头蛇尾的乌龟

《南山经》

其中多玄龟，其状如龟而鸟首虺（huǐ）尾，其名曰旋龟，其音如判木，佩之不聋，可以为底。

明代蒋应镐图本

- **形态** 外形像乌龟，长着鸟头、蛇尾
- **叫声** 像敲打破木头的声音
- **功效** 佩戴旋龟甲能使耳朵不聋，还可以用来治疗脚茧
- **住址** 杻（niǔ）阳山怪水

扫码听故事

怪水从杻阳山发源，向东流去，注入宪翼水。水中有一种叫旋龟的动物，它的外形像乌龟，却长着鸟头和蛇尾，它的叫声像敲打破木头的声音。据说，佩戴旋龟甲能使人的耳朵不聋，而且龟甲还可以用来治疗脚茧。

传说，在尧时期，大地上经常发洪水，人们非常痛苦。天神鲧（gǔn）看到以后，不忍心百姓受苦，就去偷了天帝的宝贝息壤，用它来建筑河堤。天帝发现后大怒，处死了鲧。后来，鲧的儿子大禹也要治水，天帝被他的诚心感动，就同意他去治水，还把息壤赐给了他。同时，天帝还派了两大神兽应龙、旋（玄）龟来帮助他。

应龙在前面用尾巴划地，开凿水道，把洪水引入大海。旋龟背上驮着息壤，跟在大禹身后。大禹把龟背上的息壤一小块一小块地投向大地。息壤落到地面上迅速生长，很快就将洪水填平了。可见，旋龟是治水的重要角色。此外，旋龟寓意平安吉祥，所以它的形象一直以来都深受大家的喜爱。

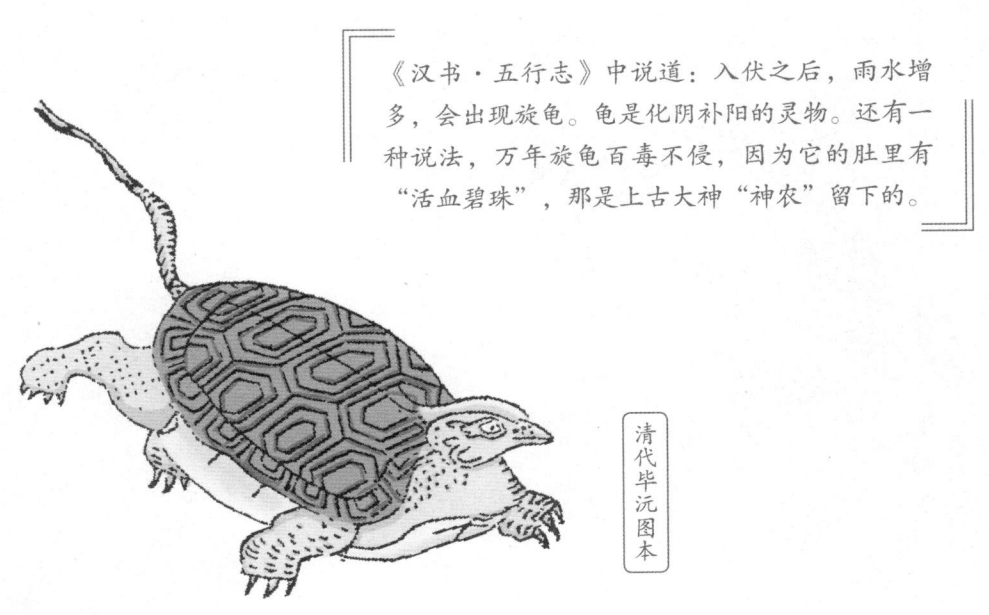

《汉书·五行志》中说道：入伏之后，雨水增多，会出现旋龟。龟是化阴补阳的灵物。还有一种说法，万年旋龟百毒不侵，因为它的肚里有"活血碧珠"，那是上古大神"神农"留下的。

清代毕沅图本

鲑 lù

形状像牛的怪鱼

《南山经》

又东三百里，曰柢（dǐ）山。多水，无草木。有鱼焉，其状如牛，陵居，蛇尾有翼，其羽在鮥（qū）下，其音如留牛，其名曰鲑，冬死而夏生。食之无肿疾。

明代蒋应镐图本

形态 形状像牛，长着蛇一样的尾巴，肋下长有翅膀
叫声 像犁牛
习性 冬眠
功效 吃了它的肉就不会患痈（yōng）肿
住址 柢山

明代胡文焕图本

清代吴任臣图本

杻阳山再往东三百里是柢山，山间有很多河流，却没有花草树木。这里的山坡上生活着一种叫作鯥的怪鱼。它的形状像牛，长着蛇一样的尾巴，肋下还长有翅膀。鯥叫的声音像犁牛。到了冬天，鯥就开始冬眠，直到夏天才会苏醒。传说，人吃了它的肉就不会得痈肿。

《中国古代动物学史》中认为鯥就是"鲮鲤"，也叫穿山甲。因为穿山甲是一种冬眠动物，虽然它住在山上，但它全身长满鳞片，看起来确实很像鱼。它的尾巴又长又尖，长着鳞片，所以它又被当作蛇。有些穿山甲的两肋下长有毛，看起来像翅膀。这类被神圣化的爬行动物，常以不同的姿态出现在殷商铜器中。

李时珍在《本草纲目》中记载了穿山甲的药效，说它"消痈肿，排脓血"，具有消肿化瘀的功效。这说明鯥可能就是穿山甲。

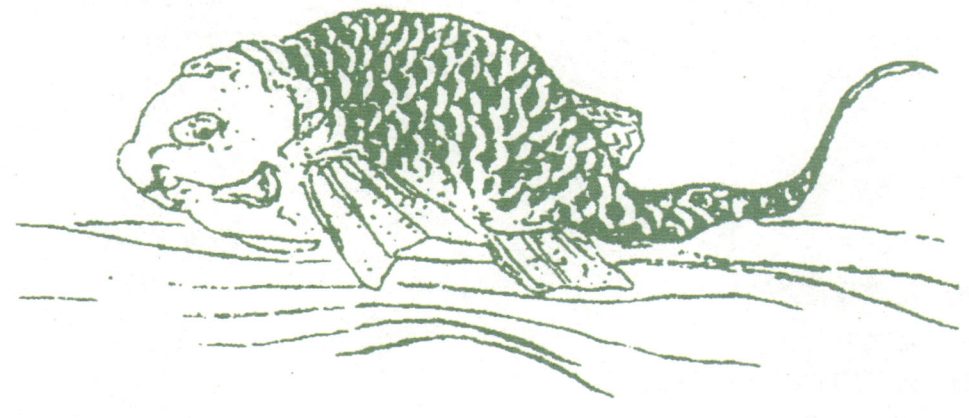

清代汪绂图本

赤鱬

chì rú

长着人脸的鱼

《南山经》

英水出焉，南流注于即翼之泽。其中多赤鱬，其状如鱼而人面，其音如鸳鸯，食之不疥。

明代蒋应镐图本

- **形态** 形状像鱼，长着人脸
- **声音** 像鸳鸯叫
- **功效** 吃了它的肉就能不长疥疮
- **住址** 青丘山英水

英水从青丘山发源，然后向南流入即翼泽。水中有很多赤鱬，形状像普通的鱼，却长着一副人的面孔，它们发出的声音就像鸳鸯在叫。传说，赤鱬一生只有一个伴侣，人吃了赤鱬的肉就能避免生疥疮。

赤鱬是一种十分奇怪的灵兽，它们的数目虽然不算少，但知道它们的人并不多，因为它们平时都隐藏在沼泽

清代汪绂图本

里面。它们之所以被称为灵兽，是因为它们的智商特别高。曾经有一个皇帝，他想要吃赤鱬的肉，于是派了一支军队去捕杀。平日里，赤鱬和普通的鱼类一样，丝毫没有反抗的能力，但是当这支军队来到沼泽，正准备捕杀赤鱬时，他们却掉进了赤鱬布下的陷阱里，全军覆没。

> 赤鱬的传说后来流传到了日本，成了一种神兽。据说，人吃了赤鱬的肉可以长生不老。赤鱬的鳞还成为日本阴阳师制作石碑护身符的原料。

清代吴任臣乾隆图本

清代毕沅图本

虎蛟 hǔ jiāo

蛇尾鱼

《南山经》

浪（yín）水出焉，而南流注于海。其中有虎蛟，其状鱼身而蛇尾，其音如鸳鸯，食者不肿，可以已痔。

明代蒋应镐图本

形态　身子像鱼，有一条蛇的尾巴
叫声　像鸳鸯叫
爱好　睡觉
功效　吃了它的肉就能使人不生痈肿疾病，还可以治愈痔疮
住址　祷过山浪水

扫码听故事

浪水从祷过山发源，向南流入大海。水里有一种动物，叫虎蛟。它的身子像鱼，身后却拖着一条蛇一样的尾巴，它的叫声和鸳鸯很像。据说，吃了它的肉就能使人不生痈肿疾病，还可以治愈痔疮。

虎蛟是一种非常接近龙的动物，它的体形跟大象一样大，浑身长着五颜六色的甲片，背上长有一对翅膀。除了龙，没有哪一种动物的天然力量能够超过它。虎蛟喜欢睡大觉，一睡就是很多年。它总是藏在人类难以找到的地下洞穴里，呼呼大睡；在长长的呼吸间，云气就从嘴角冒起。传说，这些云气升到地面上会变成灵芝。

虎蛟可活上千年，成年虎蛟的头上长有两个角，每过一百年长一个分叉。角有十二个分叉的虎蛟就有一千二百岁，极为罕见。完整的虎蛟角是皇宫里最好的装饰物，如果不是祥瑞之年很难见到。大多数虎蛟快要死的时候，都会在地上折断自己的角，所以众多帝王不惜用万金来求，但很难得到。

传说，汉昭帝曾经在渭水钓到一只白色的虎蛟，命令大厨把它给煮了。他发现虎蛟汤汁鲜美，肉色细腻，十分爽口。这件事是真是假，我们已不得而知，但后世的学者大多认为虎蛟是龙族中的成员。不过，也有人认为它是水族杂交而产生的。

> 虎蛟鱼身蛇尾，属于水中非鱼非蛇的怪蛟。

鲻鱼
zī yú

肚子底下的硬角锋利如刀

《南山经》

苕（tiáo）水出于其阴，北流注于具区，其中多鲻鱼。

明代蒋应镐图本

- **今名** 刀鱼
- **形态** 头很长，嘴边有两条硬胡须，鳃下有硬毛，身体又窄又薄，腹背像刀刃，肚子底下还有硬角
- **功效** 吃了它的肉可以防治狐臭
- **住址** 浮玉山苕水

苕水从浮玉山的北麓发源，向北流入具区泽，也就是现在的太湖。水中生长着很多鮆鱼。

太湖盛产鮆鱼，也就是刀鱼。鮆鱼嘴边有两条硬胡须，鳃下有硬毛。它的身体又窄又薄，腹背像刀刃，肚子底下还有硬角。因为它的身体像刀子一样锋利，所以叫刀鱼。大的刀鱼有一尺多长。传说，人吃了这种鱼可以防治狐臭。

鮆鱼生活在江湖中，每年三月鮆鱼最肥美。苏轼曾写诗说："还有江南风物否，桃花流水鮆鱼肥。"扬州民间有谚语说："宁去累死宅，不弃鮆鱼额。"意思是说宁愿丢掉祖宅，也不愿放弃吃鮆鱼头。这些说法虽有些夸张，却说明鮆鱼不是一般的好吃。

清代《禽虫典》

鮀鱼 tuán yú

长着猪毛的鱼

《南山经》

黑水出焉,而南流注于海。其中有鮀鱼,其状如鲋而彘毛,其音如豚,见则天下大旱。

明代蒋应镐图本

形态 形状像鲫鱼,长着猪毛
叫声 像小猪的叫声
技能 预示旱灾
住址 鸡山黑水

黑水从鸡山发源，然后向南流入大海。水中有一种鱼叫鲑鱼，形状像鲫鱼，却长着猪毛。它发出的声音就像小猪在叫。在传世画作中，鲑鱼的样子像蛇，却长着猪的尾巴。

鲑鱼虽是美味佳肴，但它一出现就会天下大旱。鲑鱼曾经在黑水中作怪，被大禹的手下江妃捉住。后来鲑鱼重伤，又被放生了。

《禽虫典》本的鱼蛇身细长，拖着猪的尾巴，再配上四只鱼鳍，样子颇为奇怪。汪本中，鱼细长的身上未见猪毛，不过张着嘴似乎要发出猪嚎般的叫声。

清代《禽虫典》

清代汪绂图本

肥遗
féi yí
四翅毒蛇

《西山经》

又西六十里,曰太华之山,削成而四方,其高五千仞,其广十里,鸟兽莫居。有蛇焉,名曰肥遗,六足四翼,见则天下大旱。

明代蒋应镐图本

形态 长有六只脚、四个翅膀
技能 预示干旱
住址 太华山

扫码听故事

019

松果山往西六十里是太华山,也就是现在大名鼎鼎的华山。华山因为险峻而闻名天下,古人说它的山崖陡峭,像刀劈斧削过一样。华山呈四方形,高五千仞,宽十里。

华山太险峻了,鸟类、野兽都无法生存,但山里却生活着一种毒蛇,名字叫肥遗。它长着六只脚、四个翅膀,和鲀鱼、颙(yóng)一样,是干旱的象征。商汤曾经在阳山下看到它,结果商朝干旱了七年。据说,华山现在还有肥遗穴,当地人叫老君脐,明末大旱时肥遗曾在那里出现过。

传说,肥遗是女娲的后代,是一条很善良的蛇,在水神共工手下历练。共工撞断不周山之后,天柱断裂,洪水泛滥。女娲用五彩石补天,肥遗便一直跟在女娲身边学习。后来,天虽然补好了,但洪水的问题还没有解决。肥

清代吴任臣乾隆图本

遗下定决心，要学习制服洪水的方法，于是女娲教给它让大地变干旱的本领。

在洪水肆虐的时候，肥遗的本领帮了很大的忙。但洪水消失之后，它的本领就成了一种灾难，而肥遗也就成了旱灾的象征。

清代汪绂图本

《山海经》其他山系也有肥遗，不过形象不太一样。《西山经》中，英山上的肥遗是一种鸟，看起来像鹌鹑，却是黄身子、红嘴巴。人吃了它的肉能治好疯癫病，还能杀死体内寄生虫。《北山经》中，浑夕山上也有肥遗，它是长着一个头、两个身子的蛇。其实，这种肥遗是龙的原型，象征着强大的神秘力量。

清代毕沅图本

鯢鱼
ní yú
长着四只脚的鱼

《西山经》

丹水出焉，东南流注于洛水，其中多水玉、多人鱼。

明代蒋应镐图本

形态 外形像鲇（nián）鱼，长有四只脚
叫声 像小孩在哭
功效 可以治疗传染病
住址 竹山丹水

从英山往西五十二里就到了竹山，丹水从这里发源，向东南流入洛水。水中有一种人鱼，叫鲵鱼，它的外形很像鲇鱼，但长有四只脚。因为它叫起来像小孩在哭，所以又被称为娃娃鱼。

鲵鱼用脚走路，古人觉得很神奇，甚至说它们会上树。在大旱的时候，鲵鱼嘴里含着水就上山了，它用草叶盖住自己的身体，隐藏起来，然后张开嘴，等天上的鸟来喝水时，趁机把鸟吸到肚子里吃掉。

东汉末年，一对老年夫妻为逃避战乱来到武陵山区。他们饥寒交迫，正准备投渊自尽时，却发现水里有一群鱼。它们长有四条腿，叫声像婴儿啼哭。老人就钓了几条煮来充饥，没想到这些鱼肉鲜味美，吃了以后精神焕发，白头发不久就变黑了，牙齿重新长了出来，身体也日渐强壮了。他们还生下八个孩子，个个健康强壮、聪明伶俐。

> 鲵鱼肉味鲜美，但有毒。不过，正确食用可以治疗传染病。《酉阳杂俎》中记载，把鲵鱼绑在树上鞭打，直到"白汁出，如构汁"时，毒性就去除了，可以下锅了。

文鳐鱼
wén yáo yú

长着翅膀的斑纹鱼

《西山经》

又西百八十里，曰泰器之山。观水出焉，西流注于流沙。是多文鳐鱼，状如鲤鱼，鱼身而鸟翼，苍文而白首赤喙，常行西海，游于东海，以夜飞。其音如鸾鸡，其味酸甘，食之已狂，见则天下大穰。

明代蒋应镐图本

形态 像鲤鱼，白头、红嘴、鱼身、鸟翅，浑身长满青色的斑纹
叫声 像鸾鸟在叫
爱好 在西海、东海里玩
习性 夜间飞行
技能 预示五谷丰登
功效 它的肉可以治愈癫狂病
住址 泰器山观水

清代汪绂图本

明代胡文焕图本

钟山再往西一百八十里是泰器山，观水从这里发源，向西流入流沙。观水里有很多文鳐鱼，它们长得像鲤鱼，却有一对鸟一样的翅膀。它们长着白色的脑袋、红色的嘴巴，浑身布满青色的斑纹。它们常常在夜间飞行，喜欢到西海、东海里玩，有时候也会去南海。大的文鳐鱼有一尺多长，因为身上长着和尾巴相齐的翅膀，所以也有人把它叫作飞鱼。当它们成群飞过海面时，海边的人以为起了大风。文鳐鱼发出的声音像鸾鸟在叫，文鳐鱼肉酸中带甜，人吃了之后可以治好癫狂病。它一出现天下就会五谷丰登。

　　歙（shè）州赤岭下有一条很大的溪流，当地的人要在那里挖一条横溪，文鳐鱼不得不后半夜从这个岭上飞过去。于是，那里的人就张开网，等文鳐鱼飞过时捉住它们。有一部分文鳐鱼穿过了网，而那些没穿过的，就变成了石头。直到现在，每次下雨，那些石头就会变成红色，赤岭因此得名。

> 现今确实存在一种叫飞鱼的海洋生物，有些飞鱼有季节性近海洄游的习性，形成鱼汛。对渔民来说，鱼汛毫无疑问就是丰收的开始。

冉遗

rǎn wéi

眼睛像马耳朵的六脚鱼

《西山经》

䓈（dá）涴（yuān）水出焉，而北流注于陵羊之泽。是多冉遗之鱼，鱼身蛇首六足，其目如观耳，食之使人不眯，可以御凶。

明代蒋应镐图本

形态 鱼身、蛇头，有六只脚，眼睛像马的耳朵
技能 御凶辟邪
功效 吃了它的肉睡觉不做噩梦，还可以抵挡凶煞之气
住址 英鞮（dī）山䓈涴水

027

刚山尾再往西三百五十里，是英鞮山，䰀涴水从这里起源，注入陵羊湖。水里有很多名叫冉遗的鱼，又写作"冉䱃"。它长着鱼的身子、蛇的头，还有六只脚，眼睛长长的，就像马的耳朵。据说，吃了它的肉，人就不会再做噩梦，还可以抵挡凶煞之气。

> 冉遗跟现在的墨西哥钝口螈比较像。墨西哥钝口螈是蝾螈的一种，但不同于其他蝾螈凶狠的外表，它看起来很可爱。它长着一双又大又圆的眼睛，嘴巴只有一条缝，脑袋很大。它还有一个响亮的名字，叫"六角恐龙"，是一种非常受欢迎的宠物。

明代胡文焕图本

清代汪绂图本

滑鱼

huá yú

红背鱼

《北山经》

滑水出焉,而西流注于诸毗之水。其中多滑鱼,其状如鳝(shàn),赤背,其音如梧,食之已疣(yōu)。

明代蒋应镐图本

今名 鳝鱼、黄鳝
形态 外形像鳝鱼,红色的脊背
叫声 像人在支支吾吾地说话
功效 吃了它的肉,能治好赘疣病
住址 求如山滑水

滑水从求如山发源，然后向西注入诸毗水。水中有很多滑鱼，它的外形像鳝鱼，脊背是红色的。它发出的声音就像人在支支吾吾地说话。据说，人吃了滑鱼肉，能治好赘疣病。

滑鱼，其实就是赤背大鳝鱼。古代有些大力士之所以力大无穷，就是因为他们经常吃鳝鱼。古代医书《本经逢原》中说，"大力丸"配方中的一味主药就是鳝鱼。鳝鱼味美，营养价值丰富，有"小暑黄鳝赛人参"之说，意为在小暑节气前后多吃黄鳝，比吃人参还养生。

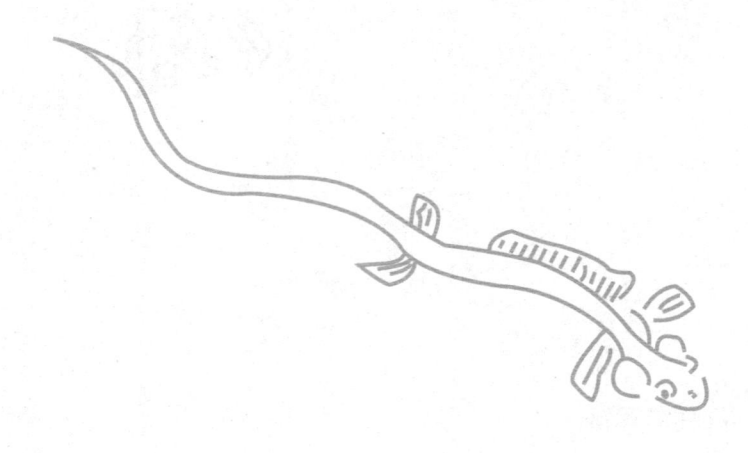

儵鱼 tiáo yú

四头六脚三尾鱼

《北山经》

彭水出焉，而西流注于芘（pí）湖之水，其中多儵鱼，其状如鸡而赤毛，三尾六足四首，其音如鹊，食之可以已忧。

明代蒋应镐图本

形态 形状像鸡，红色羽毛，三条尾巴、六只脚、四个脑袋
叫声 像喜鹊鸣叫
功效 吃了它的肉能使人乐而忘忧
住址 带山彭水

彭水从带山发源，然后向西注入芘（pí）湖，水中有很多儵鱼。它的形状像鸡，长着红色的羽毛，还有三条尾巴、六只脚、四个脑袋（一说四只眼睛）。它的叫声跟喜鹊相似。据说，人吃了它的肉就能乐而忘忧。

《庄子·秋水》中写道："儵鱼出游从容，是鱼之乐也。"意思是说，儵鱼游得悠闲自在，这就是鱼儿的乐趣呀。所以儵鱼有悠游自在的寓意，因此它的形象经常被绘制在器物上。今人还根据传说描绘了儵鱼的形象。

> 蒋应镐图本中的儵鱼，有四个鱼头、三个鱼身、三条鱼尾，身下有六只鸡爪。

明代胡文焕图本

清代吴任臣近文堂图本

何罗鱼 hé luó yú

一头十身鱼

《北山经》

又北四百里，曰谯（qiáo）明之山。谯水出焉，西流注于河。其中多何罗之鱼，一首而十身，其音如吠犬，食之已痈。

明代蒋应镐图本

形态 一个脑袋，十个身子
叫声 像狗叫
功效 吃了它的肉就可治愈痈肿
住址 谯明山谯水

谯水发源于谯明山，向西流入黄河，水中有很多何罗鱼。这种鱼长着一个脑袋，却有十个身子，发出的声音像狗叫。何罗鱼的肉可治愈痈肿。

就形态来看，何罗鱼和章鱼有点像。何罗鱼的十个身子中，九个比较壮实，一个比较虚弱。其实，一个脑袋要调度十个身子非常不容易，想必何罗鱼的脑力相当发达。

传说，何罗鱼可以化成鸟，名字叫休旧。这种鸟喜欢在舂槽中偷吃粮食，结果受了伤，从此之后，休旧鸟就很怕听到舂（chōng）粮的声音，一听到马上躲开了。

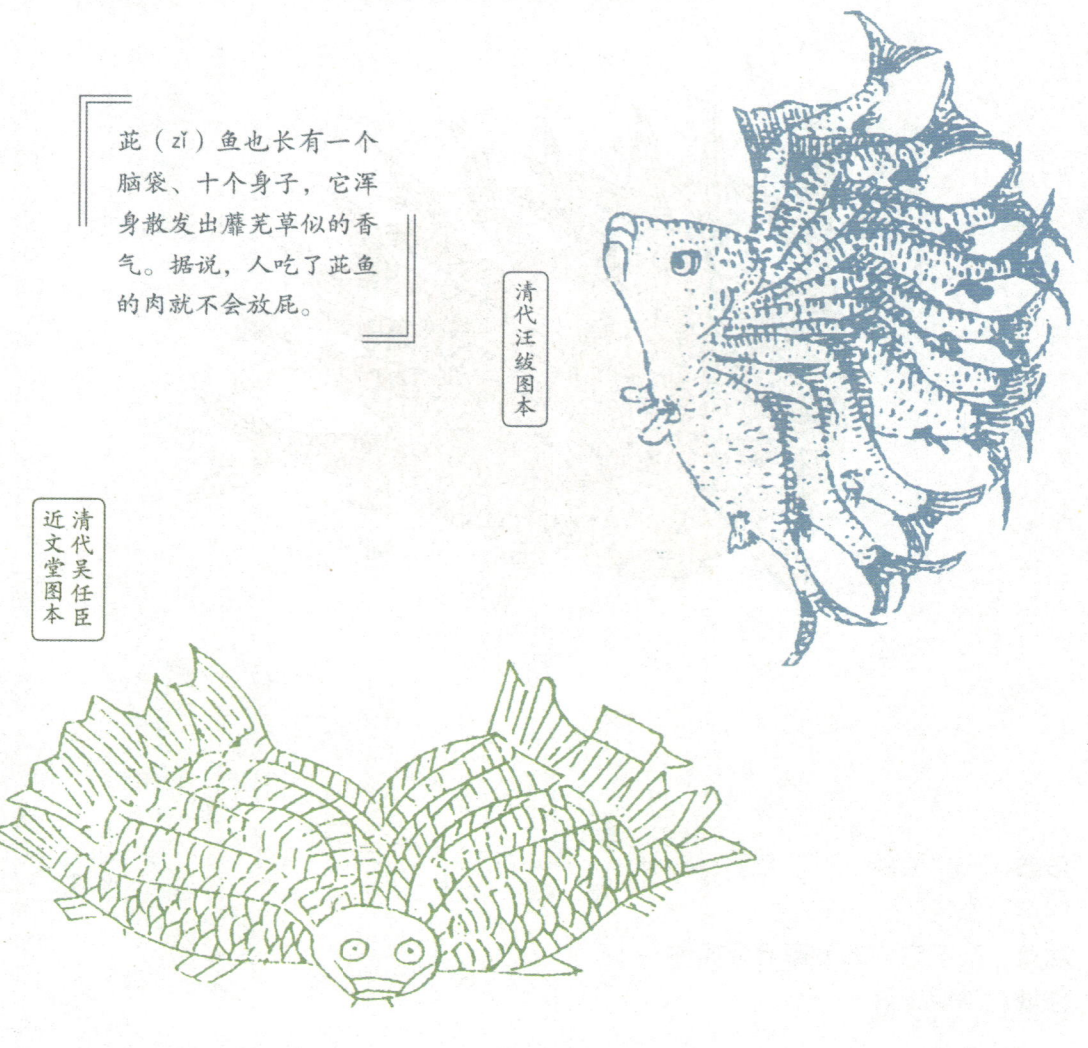

茈（zǐ）鱼也长有一个脑袋、十个身子，它浑身散发出蘼芜草似的香气。据说，人吃了茈鱼的肉就不会放屁。

清代汪绂图本

清代吴任臣近文堂图本

鳛鳛鱼

xí xi yú

长着十个翅膀的鱼

《北山经》

又北三百五十里，曰涿光之山。嚣水出焉，而西流注于河。其中多鳛鳛之鱼，其状如鹊而十翼，鳞皆在羽端，其音如鹊，可以御火，食之不瘅（dān）。

明代蒋应镐图本

形态 形状像喜鹊，长有十个翅膀，翅膀的前端长有鳞甲
叫声 像喜鹊在叫
功效 它可以避火，它的肉能治好黄疸病
住址 涿光山嚣水

谯（qiáo）明山再往北三百五十里是涿光山，嚣水从这座山发源，然后向西注入黄河。水中生长着很多鰼鰼鱼，它们的形状像喜鹊，却长有十个翅膀，鳞甲全长在翅膀的前端，发出的声音就像喜鹊在鸣叫。鰼鰼鱼可以避火，它的肉能治黄疸病。它有十翼，但能否飞翔，历来说法不一。

> 就外形来看，鰼鰼鱼更像一种名为华吸鳅的鱼。华吸鳅也叫双吸盘，生长在无污染、清澈的水中，喜欢吸附在急水的岩石下，野生环境下以石头上的藻类为食。

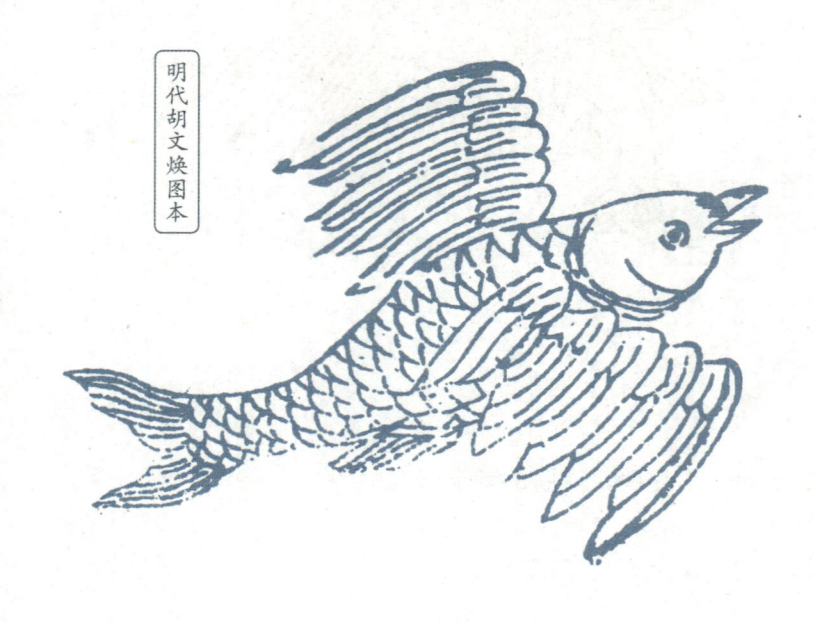

明代胡文焕图本

长蛇 cháng shé

长有钢毛的蛇

《北山经》

北二百八十里,曰大咸之山。无草木,其下多玉。是山也,四方,不可以上。有蛇名曰长蛇,其毛如彘豪,其音如鼓柝(tuò)。

明代蒋应镐图本

形态 身体特别长,还长着像猪鬃一样的刚毛
叫声 像是有人在敲击木梆子
技能 能吞下整头鹿
住址 大咸山

大咸山上有一种蛇叫长蛇，它身体长达几十丈，身上还长着像猪鬃一样的刚毛，发出的声音就像是有人在敲击木梆子。这种长蛇吃得特别多，有时还能吞下整头鹿。

传说，当年天帝派后羿到下界，目的是除掉那些祸害人民的恶禽猛兽，长蛇就是其中之一。它被后羿杀死在洞庭，墓就在巴陵的巴丘一带。

> 大咸山上还有一种蛇，长着野兽的脑袋，却有蛇的身子，名叫琴虫。东晋学者郭璞注："琴虫，亦蛇类。"它生长在肃慎国境内，是一种怪蛇。

明代胡文焕图本

清代《禽虫典》

赤鲑 chì guī

椭圆形的鱼

清代《禽虫典》

《北山经》

敦薨（hōng）之水出焉，而西流注于泑（yōu）泽。出于昆仑之东北隅，实惟河原。其中多赤鲑，其兽多兕（sì）、旄牛，其鸟多鸧（tuò）鸠。

形态 身体又长又扁，呈椭圆形，头和眼睛都很大，嘴唇很短，头的后面有点凸起
住址 泑泽

大咸山再往北三百二十里是敦薨山，敦薨水从这座山发源，然后向西注入泑泽。泑泽在昆仑山的东北角，它是黄河的源头，赤鲑就生活在泑泽之中。

关于赤鲑的形态，《山海经》中没有详细的描写。现在的赤鲑身体又长又扁，呈椭圆形。它的头和眼睛都很大，嘴唇很短，头的后面有点凸起。赤鲑平时吃虾、蟹、贝类等。由于赤鲑是经济价值很高的食用鱼，人们一般用延绳钓或底拖网捕获。

> 刘逵注《吴都赋》中说，赤鲑就是今天的河豚。河豚的尾巴较细，有一个背鳍，背面及肚子上长有小刺。河豚的肚子是乳白色的，里面有气囊，当它遇到敌人的时候，能吸气膨胀如球，这也是它能被人们捕获的致命弱点。

鱃鱼 zǎo yú

长着鸡爪子的鲤鱼

《北山经》

又北二百里，曰狱法之山。瀤（huái）泽之水出焉，而东北流注于泰泽。其中多鱃鱼，其状如鲤而鸡足，食之已疣。

明代蒋应镐图本

形态 形状像鲤鱼，长着鸡爪子
功效 人吃了它的肉就能治愈赘瘤病
住址 狱法山

少咸山再往北二百里是狱法山，瀤泽水从这里发源，然后向东北流入泰泽。水中生长着很多鱳鱼，它的外形像鲤鱼却长着鸡爪，是一种半鱼半龙的怪物。据说，人吃了它的肉能治愈赘瘤病。

鱳鱼是鲤鱼中的极品，它已经长出了两个爪子，是快要变成龙的鲤鱼。据说，鱳鱼非常美味，但一般的人根本抓不到它。

> 水族先民铸造的青铜钱上也有像鱳鱼这样的长脚鱼图案，它们是鱼化龙的表现形式，是上古时期遗留下来的，具有很高的艺术价值。

清代吴任臣乾隆图本

鮨鱼 yì yú

狗头鱼

《北山经》

诸怀之水出焉,而西流注于嚻水。其中多鮨鱼,鱼身而犬首,其音如婴儿,食之已狂。

明代蒋应镐图本

形态 狗头、鱼身
叫声 像婴儿啼哭
功效 吃了它的肉能治愈癫狂病
住址 北岳山诸怀水

诸怀水发源于北岳山，向西流入嚣水。诸怀水中有很多鮨鱼，它们长着鱼的身子，却有一只狗头。鮨鱼叫起来像婴儿在哭。据说，人吃了它的肉能治愈癫狂病。

鮨鱼长着鱼身、鱼尾、狗头，它的样子与现在的海狗很相像。海狗，也叫海熊，有黑色和褐色两种。雄海狗常间为争夺住处和雌性相互撕咬，战败的会被驱逐。

还有一种狗头鱼，又叫叉鼻鲀，长得很可爱，而且有些滑稽。它没有鱼鳞，头部看起来像狗头，两只眼睛圆鼓鼓的，但它是高度的近视眼，仅能看清1米以内的东西，再远点的东西就只能看见模糊的影像了。不过，它的听力特棒，不但能听见普通的声音，还能听见我们人类听不见的次声波。它很懒，不经常游动，经常萎缩在海底或是礁岩上。这种鱼的鱼肉有毒不能食用。

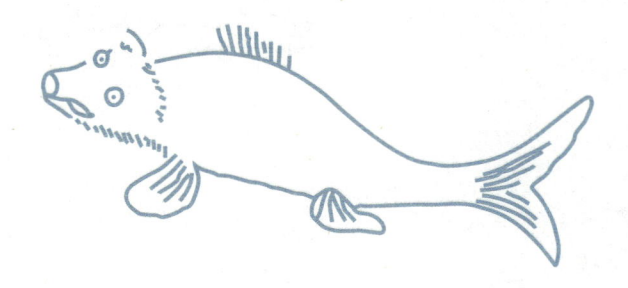

龙龟
lóng guī
能上树的蛇头龟

《北山经》

隄（dī）水出焉，而东流注于泰泽，其中多龙龟。

明代蒋应镐图本

形态 蛇头、龟身
技能 上树
功效 辟邪、制煞、化冲、解厄、镇宅、招财、聚财
住址 隄山隄水

隄水从隄山发源，然后向东注入泰泽。隄水中有很多龙龟，蛇头、龟身。据说，龙龟是由龙生的卵孵化而来，它既能在水中生活，也能上树。

龙龟亦称"吉吊""赑（bì）屃（xì）""霸下"，是中国古籍中记载的一种瑞兽，是"龙生九子"之一。它的头像龙，身体像龟，喜欢负重。它总是奋力地向前昂着头，四只脚顽强地撑着，好像在努力地向前走。在上古时代的中国传说中，赑屃常背起三山五岳来兴风作浪。后被夏禹收服，为夏禹立下不少汗马功劳。治水成功后，夏禹就让它背起自己的功绩，这样，赑屃既可以炫耀，又不耽误自己的爱好，也不会去人间捣乱了。

> 赑屃能辟邪、制煞、化冲、解厄、镇宅、招财、聚财，是权力和长寿的象征。市面上有很多以龙龟形象制作的摆件，有吉祥寓意。

鸣蛇

míng shé

长有两对翅膀的蛇

《中山经》

又西三百里,曰鲜山。多金玉,无草木。鲜水出焉,而北流注于伊水。其中多鸣蛇,其状如蛇而四翼,其音如磬,见则其邑大旱。

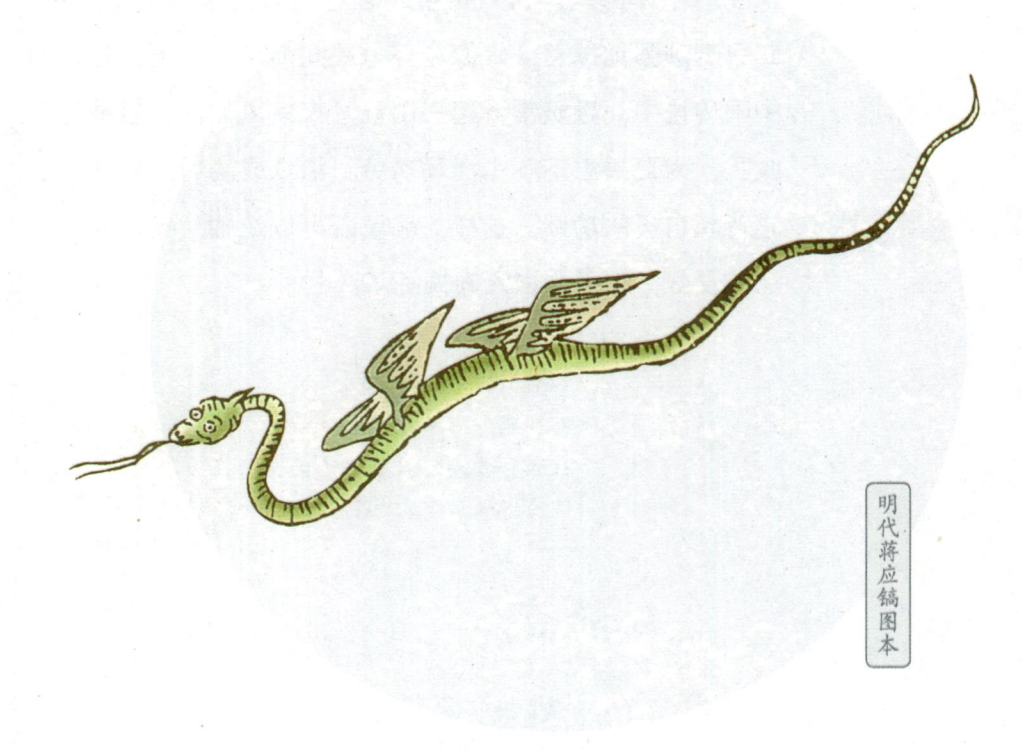

明代蒋应镐图本

形态 样子像蛇,长着两对翅膀
叫声 非常洪亮
功效 预示旱灾
住址 鲜山鲜水

鲜山上有丰富的金属矿物和各种颜色的美玉，但没有花草树木。鲜水从这座山发源，然后向北流去，最后注入伊水。鸣蛇生长在鲜水中，它的样子像蛇，却长着两对翅膀，叫声非常洪亮。

古人认为，鸣蛇在哪个地方出现，哪里就会发生大旱灾。它和肥遗一样，虽然是一种灾兽，但也有有用的地方。古人常常将鸣蛇和肥遗的形象画在墓室或棺椁（guǒ）上，希望靠它带来干旱，从而保持墓室干燥，尸体不腐。

汪绂图本中，鸣蛇是四个翅膀两两相对。

清代汪绂图本

清代毕沅图本

清代汪绂图本

清代《禽虫典》

化蛇 huà shé

人头豸身鸟翅蛇

《中山经》

又西三百里，曰阳山。多石，无草木。阳水出焉，而北流注于伊水。其中多化蛇，其状如人面而豸身，鸟翼而蛇行。其音如叱呼，见则其邑大水。

明代蒋应镐图本

形态 人首、豸身、鸟翅
叫声 像人在大声责骂
习性 像蛇一样爬行
技能 能招来水灾
住址 阳山阳水

扫码听故事

鲜山再往西三百里是阳山，阳水从这座山发源，然后向北流去，最后注入伊水。阳水中有很多化蛇，它长着人的脑袋，却有像豺一样的身子；背上长有像鸟的翅膀，却只能像蛇一样蜿蜒爬行。它发出的声音就如同人在大声责骂。

古人认为，化蛇在哪个地方出现，哪里就会发生大水灾。鸣蛇和化蛇都属于蛇类，而且是邻居，但是它们的形象却很不一样，性情更是完全相反。鸣蛇能预示旱灾，化蛇则能预示水灾。

化蛇很少开口发音，但它一旦发音，就会招来滔天的洪水。春秋时期，有一个农夫在魏国大梁城附近听见有婴儿在哭，找到后发现竟然是一个蛇形妖怪。此后三天，黄河就开始泛滥，洪水淹没了八百五十多个城镇乡村。

清代吴任臣乾隆图本

化蛇和鸣蛇都是长着翅膀的蛇，但化蛇看起来更像是兽类。它们还是邻居，但它们的技能却完全不一样。鸣蛇能预示旱灾，化蛇则预示水灾。

清代汪绂图本

鳙鳙鱼 yōng yong yú

爱睡觉的牛头鱼

《东山经》

东山之首,曰樕(sù)蠢(zhū)之山。北临乾昧,食水出焉,而东北流注于海。其中多鳙鳙之鱼,其状如犁牛,其音如彘鸣。

明代蒋应镐图本

- **形态** 体形像牛
- **叫声** 受惊后叫声很大,能传五百里
- **爱好** 睡觉
- **功效** 把它的皮挂起来,能预测潮起潮落
- **住址** 樕蠢山食水

东方第一列山系第一座山叫作㺀𧈢山,山里有条河叫食水,流向东北,最后注入大海。水里有很多鱅鱅鱼,它们的形状像牛,但是发出的声音像猪叫一样。传说鱅鱅鱼的皮能预测潮起潮落,人们把它的皮剥了以后挂起来,涨潮的时候,皮上的毛就会竖起来;退潮的时候,毛就会伏下去。鱅鱅鱼特别喜欢睡觉,受到惊吓以后会发出很大的声音,五百里以外都能听见。

清代汪绂图本

有些古图中的鱅鱅鱼没有角,尾巴特别长,体形很庞大。

清代《禽虫典》

箴鱼
嘴巴像针的鱼
zhēn yú

《东山经》

沢（zhǐ）水出焉，而北流注于湖水。其中多箴鱼，其状如鲦（tiáo）。其喙如箴，食之无疫疾。

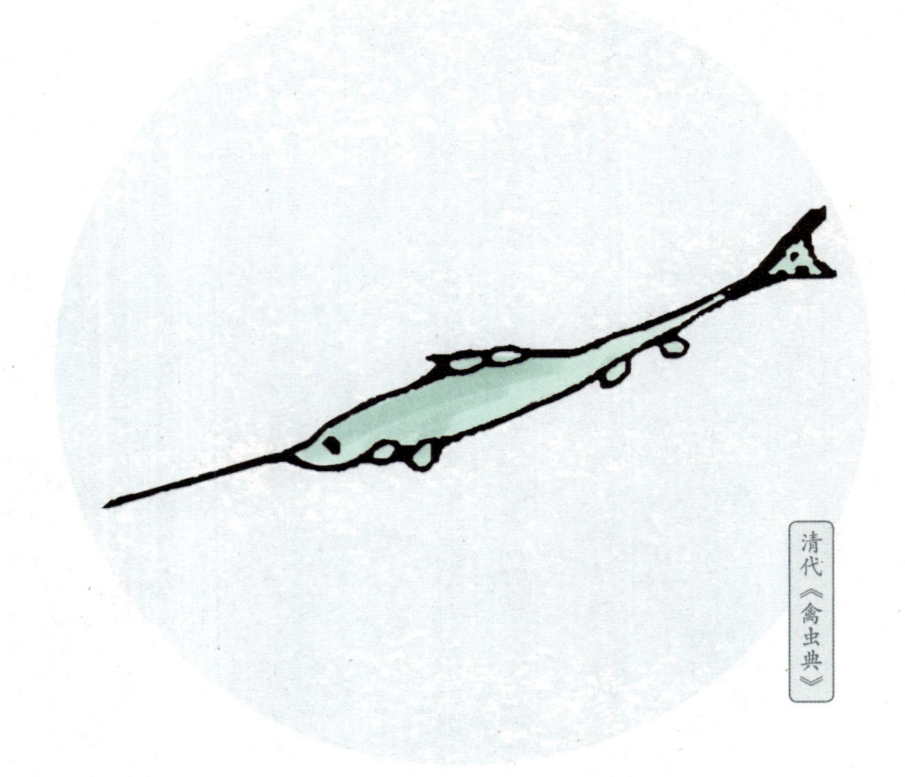

清代《禽虫典》

- **别名** 针鱼
- **形态** 体形像鲦鱼，身体又细又长，呈淡蓝色，嘴巴像针
- **技能** 擅长跳跃
- **功效** 吃了它的肉不会染上瘟疫
- **住址** 枸（xún）状山沢水

汇水的源头在枸状山，向北流入湖水。水中有很多箴鱼。箴鱼的外形像鯈鱼，身体又细又长，是淡蓝色的。因为它的嘴巴像针一样，所以也叫针鱼。据说人吃了箴鱼就不会染上瘟疫。

针鱼的跳跃能力很强，它在觅食的时候，会先跳出水面，然后从上往下攻击。当它在水里遇到危险的时候，它也会跳出水面来躲避追杀。它在跳出水面的时候，能用尾巴走路，对于水里的鱼来说，它就"隐身"了。

清代汪绂图本

鳡鱼 gǎn yú

嘴巴特别大的鱼

清代汪绂图本

《东山经》

又南三百里，曰番条之山。无草木，多沙。减水出焉，北流注于海，其中多鳡鱼。

《东山经》

又南四百里，曰姑儿之山。其上多漆，其下多桑柘。姑儿之水出焉，北流注于海，其中多鳡鱼。

别名　竿鱼
形态　一种黄色鲇（nián）鱼
习性　凶猛，吃小鱼
技能　游得特别快
功效　它的肉味道鲜美，有健胃、防止呕吐的作用
住址　番条山减水、姑儿山姑儿水

枸状山再往南三百里是勃垒（qí）山，勃垒山再往南三百里是番条山。山上没有花草树木，到处都是沙子。山上有一条河叫减水，向北流入大海。减水中有一种鱼叫鳡鱼，也叫竿鱼，是一种黄色鲇鱼，嘴巴特别大，生性凶猛，专吃其他小鱼。

番条山再往南四百里，是姑儿山。姑儿水从这座山发源，向北流入大海，水里面也有很多鳡鱼。

现在的鳡鱼形状像梭子，身体的颜色有点黄，鱼肚子为银白色，背鳍、尾鳍为青灰色。主要生活在江河湖泊的中上游，游得特别快。因为鳡鱼很凶猛，吃得比较多，所以一般长得快、个子大。鳡鱼肉味道鲜美，还有健胃、防止呕吐的作用，可以经常吃。

珠鳖鱼

zhū biē yú

四眼六脚鱼

《东山经》

又南三百八十里，曰葛山之首，无草木。澧（lǐ）水出焉，东流注于余泽。其中多珠鳖鱼，其状如肺（fèi）而有（四）目，六足有珠，其味酸甘，食之无疠（lì）。

明代蒋应镐图本

今名 中华鳖
形态 外形像动物的肺叶，长有四只眼睛、六只脚
技能 能吐出珍珠
功效 吃了它的肉不会感染瘟疫
住址 葛山澧水

葛山的首端很荒芜，山上没有花草树木。山上有一条河叫澧水，向东流入余泽，水里有很多珠蟞鱼。这种鱼的外形像动物的一片肺叶，头上长着四只眼睛（也有说两只、六只的），身上还长着六只脚，能吐出珍珠。珠蟞鱼的肉，味道酸甜可口，古人认为吃了这种鱼肉就不会感染瘟疫。

珠蟞鱼，在《吕氏春秋》中被记载为"朱蟞"，晋朝的文学家郭璞在《江赋》中则称之为"赪（chēng）蟞"，意思是一种朱红色的蟞。

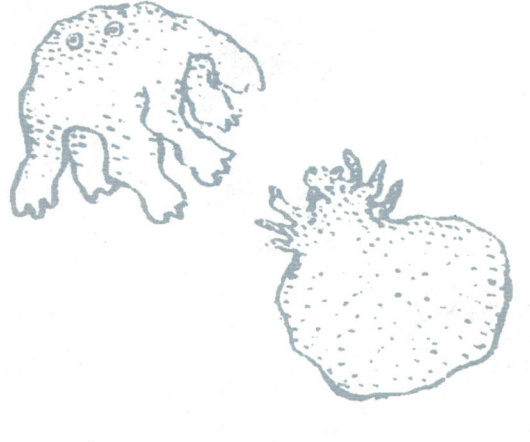

清代汪绂图本

珠蟞鱼和现在的鲎（hòu）比较像。鲎长着厚厚的硬壳，形状像肺一样。它的头胸甲的两侧有一对复眼，头胸甲前还有一对小一些的眼睛。鲎的尾部像小珠子一样，被称为鲎珠。

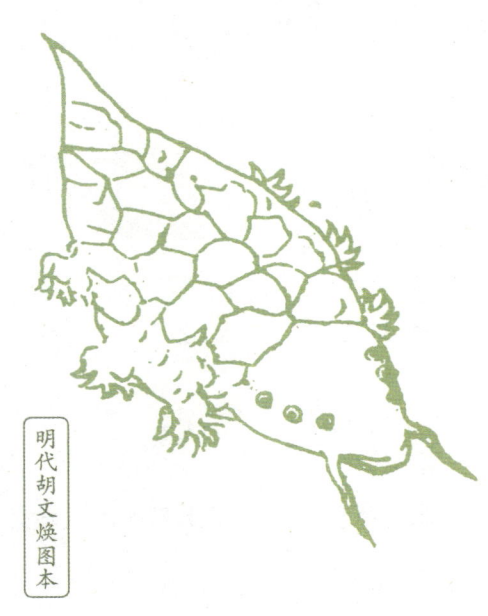

清代吴任臣乾隆图本

明代胡文焕图本

鱛鱼 zhuǎn yú

短鼻子黄鱼

《东山经》

是山也，广员百里。其上有水出焉，名曰碧阳，其中多鱛鮪（wěi）。

清代汪绂图本

形态 看起来像鳣（xún）鱼，但它的鼻子短，嘴在下巴下面；身上有甲片，没有鳞

住址 孟子山碧阳河

孟子山方圆约百里，有条叫碧阳的河流从孟子山上发源，水中有很多鳡鱼和鮪（wěi）鱼。据古人说，鳡鱼是一种大鱼，大的有十米长，看起来像鳟鱼，但它的鼻子短，嘴在下巴下面。它没有鱼鳞，而是长有甲片。因为它的肉是黄色的，所以又被称为黄鱼。

鳡鱼吃肉，它的捕鱼方式很有趣。相传，鳡鱼在每年二三月的时候就会逆流而上，藏到石缝中间，然后张开大嘴，等小鱼自动流进嘴里。"鱼吃自来食"的说法就是从这里来的。

> 鲟（xún）鳇（huáng）鱼跟鳡鱼很像，因为鲟鱼是鲟鳇鱼的一种。

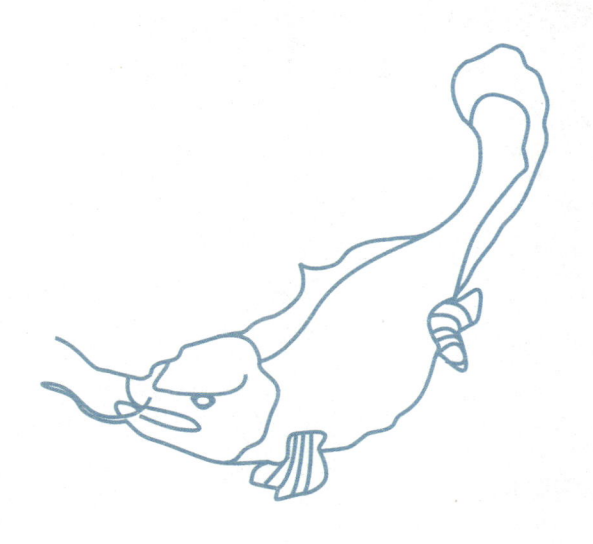

鲔鱼 纺锤形鱼
wěi yú

《东山经》

是山也，广员百里。其上有水出焉，名曰碧阳，其中多鳡鲔。

清代汪绂图本

形态 呈纺锤形
住址 孟子山碧阳河

扫码听故事

鲔鱼，体形是纺锤形，是肉食性动物。和鳣鱼一样，它也生长在孟子山碧阳河中。传说山东、辽东一带的人称鲔鱼为尉鱼。

相传，三月的时候鲔鱼就成群结队地沿着黄河逆流而上，但它们一般会在龙门受阻，如果有哪条鲔鱼能够战胜激流越过龙门，便能化身为龙。"鲤鱼跃龙门"的传说大概就是这样演化而来的。

在沃野的北边还有一种龙鱼，它既可以在水中生活也可以在山里生活，它的形状和鲤鱼相似。还有一种说法是，龙鱼是一种外形像狐狸的小型野兽。据说，有神力的人骑着龙鱼遨游在广大的原野上，就像骑着天马在天上遨游一般。

> 鲔鱼一般指金枪鱼，香港称吞拿鱼。它游泳的速度很快，可以游得很远。过去曾经在日本近海发现过从美国加州游过来的金枪鱼。

蠵龟 xī guī

甲上有彩纹的龟

《东山经》

又南水行五百里,曰流沙。行五百里,有山焉,曰跂(qǐ)踵(zhǒng)之山。广员二百里,无草木,有大蛇,其上多玉。有水焉,广员四十里皆涌,其名曰深泽,其中多蠵龟。

清代《禽虫典》

别名 赤蠵龟
形态 龟甲上有玳瑁一样的彩纹
技能 擅长鸣叫
功效 龟甲可以用来占卜或装饰器物
住址 跂踵山深泽

跂踵山没有花草树木，山里有一个叫深泽的水潭，不知道它到底有多深。潭里有很多泉眼，蠵龟就生活在这里。蠵龟也叫赤蠵龟，据古人说是一种大龟，龟甲很漂亮，像玳瑁的甲一样，但是要比玳瑁甲薄一些。蠵龟的龟甲可以用来占卜，还可以用来装饰器物。蠵龟很擅长鸣叫。

现代还有蠵龟，是现存最古老的爬行动物。它身长一两米，体重约一百千克。它的前肢大，后肢小、内侧各有两个爪。它的背是棕红色或褐红色，有不规则的土黄色或褐色斑纹，肚子是柠檬黄色。它喜欢吃鱼、虾、蟹、软体动物及藻类。

清代汪绂图本

清代《禽虫典》

神龟　灵龟

摄龟　宅龟

068　陪孩子读《山海经》·鱼蛇篇

文龟　筮龟

山龟　泽龟

水龟　火龟

> 古人按功能、栖息地的不同而将龟分为十种：神龟、灵龟、摄龟、宝龟、文龟、筮龟、山龟、泽龟、水龟、火龟。而深泽中的蠵龟就是灵龟中的一种。

三足龟 sān zú guī

能预防疾病的三脚乌龟

《中山经》

其阳狂水出焉，西南流注于伊水，其中多三足龟，食者无水疾，可以已肿。

清代《尔雅音图》

形态 只有三只脚
功效 吃了它的肉，就不会生大病，还能消除痈肿
住址 大苦（kǔ）山狂水

放皋（gāo）山再往东五十七里，是大𦵯山，狂水从山的南面发源，向西南注入伊水。水中生活着很多三足龟，据说它们的名字叫贲（bēn）。虽然它们的样子有些奇特，但却是一种吉祥的动物。如果人吃了它的肉，就不会生大病，还能消除痈肿。

不同版本中的三足龟，形状看起来差不多。《尔雅音图》中，有两只三足龟在水边玩耍，其中一只的样子跟《山海经》中记载的一样；而另一只三足龟，除了有龟甲，全身还披有鳞甲，而且它的三个脚像龙爪。

《尔雅·释鱼》中说，三只脚的鳖叫能，三只脚的龟叫贲。

清代吴任臣近文堂图本

清代《尔雅音图》

鮯鮯鱼 gé ge yú

六脚鸟尾鲤鱼

《东山经》

有鱼焉,其状如鲤,而六足鸟尾。名曰之鮯鮯鱼,其名自诮(xiào)。

明代蒋应镐图本

形态 长着六只脚和鸟尾
叫声 像是在喊自己的名字
技能 能游到非常深的地方
习性 胎生
住址 跂踵山深泽

深泽中还生活着一种奇怪的鱼，名字叫鲐鲐鱼。它的形状看起来像鲤鱼，却长着六只脚和鸟尾。它叫起来就像在呼唤自己的名字。

鲐鲐鱼其实就是现在的绿翅鱼。绿翅鱼背部是蓝绿色的，身体是红褐色的，肚皮是白的。它的鱼鳃下面长着一对发绿光的翅膀，翅膀下面还有六个鱼鳍，所以绿翅鱼可以在海底畅游。当它跳出水面的时候，展开双翅，还可以在空中滑翔。

> 鲐鲐鱼住在泉水喷涌、深不可测的深泽中，它能游到非常深的地方。一般的鱼都是卵生，但鲐鲐鱼是胎生。

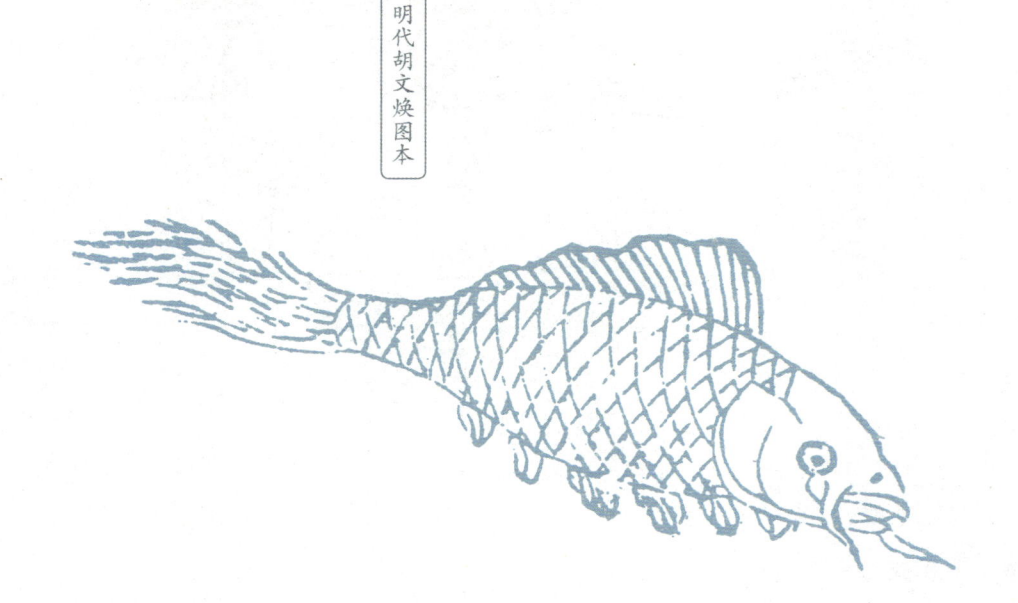

明代胡文焕图本

鱃(xiū)鱼 大头鲤鱼

《东山经》

又南三百里,曰旄(máo)山。无草木,苍体之水出焉,而西流注于展水,其中多鱃鱼,其状如鲤而大首,食者不疣。

明代蒋应镐图本

形态 看起来像大头鲤鱼
功效 吃了它的肉,身上不会长瘊(hóu)子
住址 旄山苍体水

北号山再往南三百里是旄山，山上有条河叫苍体水，最后流到展水。苍体水里有一种鱼叫鱃鱼，它长得很像鲤鱼，但它的头长得很大。如果有人吃了它的肉，身上就不会生瘊子。传说，钦山的师水里也有很多鱃鱼。

有人说鱃鱼就是泥鳅。

李时珍在《本草纲目》里说道，鱃鱼是鳙鱼的别称。吃了鳙鱼的肉能暖胃，还能让身体长得更强壮。

> 著名的英国学者李约瑟认为鱃鱼就是现在的海鲇。海鲇的鱼头比较宽大，鱼身和鱼尾比较扁，全身没有鱼鳞。鱼背是深绿色，肚子是银白色，背鳍和胸鳍各有一根锯齿形的硬刺，是南海中常见的鱼类。

明代胡文焕图本

薄鱼
单眼鱼
báo yú

《东山经》

石膏水出焉,而西流注于㶌水。其中多薄鱼,其状如鳣(zhuān)鱼而一目,其音如欧,见则天下大旱。

明代蒋应镐图本

形态 形状像鳣鱼,只有一只眼睛
叫声 像人在呕吐
技能 预示水旱灾害、有人谋反
住址 女烝(zhēng)山石膏水

扫码听故事

东始山再往东南三百里就是女烝山，山上没有花草树木，有一条河叫石膏水，水里有很多薄鱼。薄鱼的形状看起来像鳝鱼，但它只长了一只眼睛。它叫起来就像是人在呕吐。

薄鱼是一种不好的鱼，因为它一出现，就预示着天下会发生大旱灾或水灾。有时候它的出现还是有人要谋反的预兆，总之都是不好的兆头。

传说，长臂国和谨（huān）头国的人是邻居，他们都以捕鱼为生。长臂国人伸手到海里抓鱼，而谨头国人则乘帆船捕鱼。后来，谨头国人教会长臂国人划船的本领，但长臂国人还不知足，把河道封锁了，以此要挟谨头国人教他们制造帆船和织网的本领，否则就不让他们过河。于是，谨头国人就施法让长臂国人忘了捕鱼的本领，还把他们经常捕的薄鱼的叫声变成了人类呕吐的声音。意思是，长臂国人太贪心了，连鱼都感到恶心。

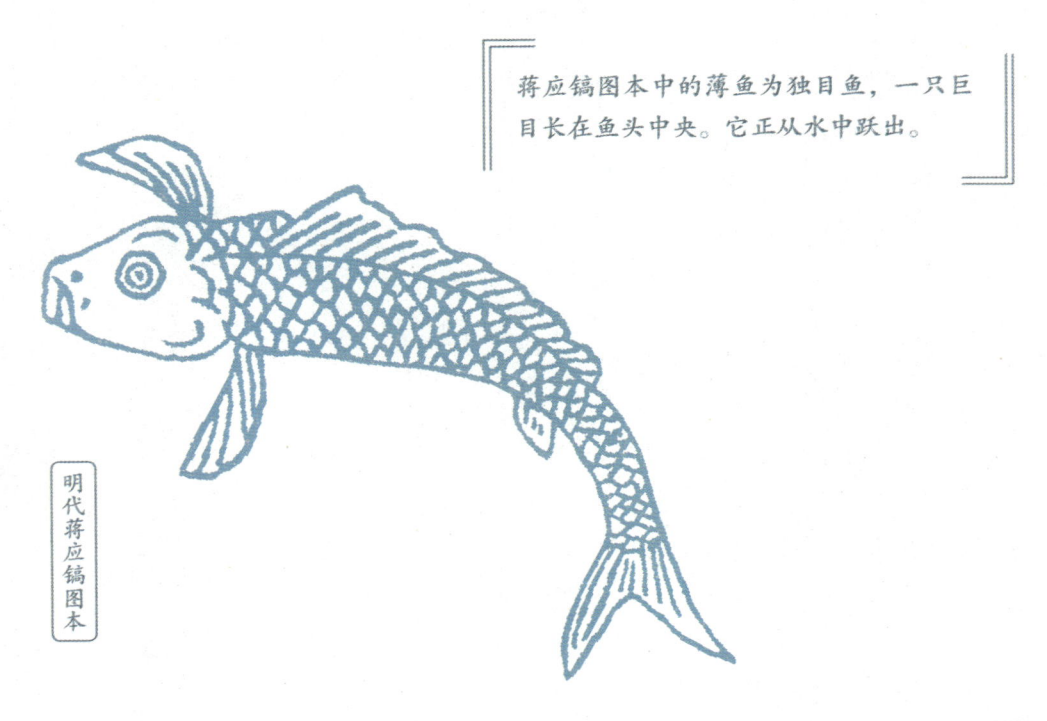

> 蒋应镐图本中的薄鱼为独目鱼，一只巨目长在鱼头中央。它正从水中跃出。

明代蒋应镐图本

清代毕沅图本

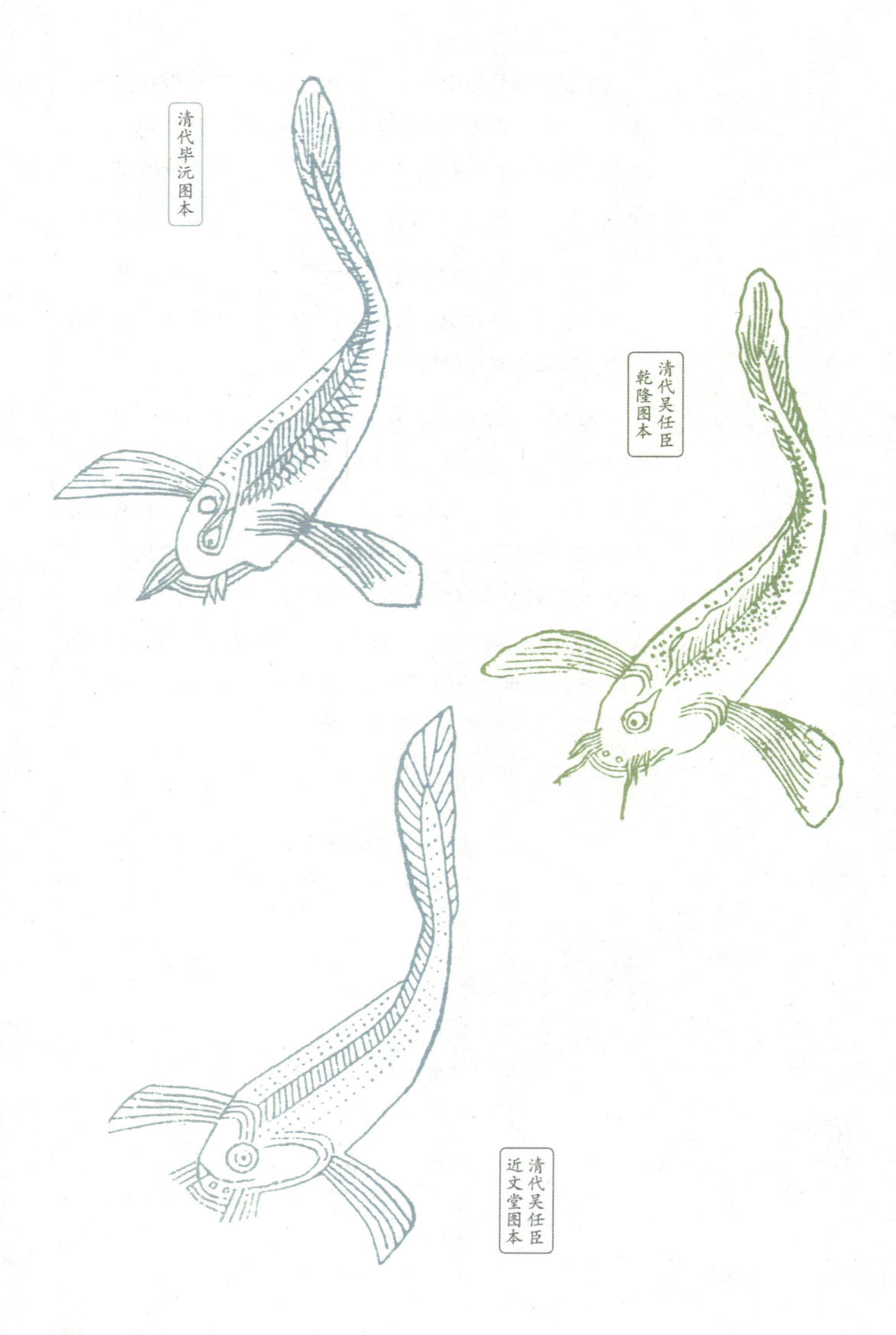

清代吴任臣乾隆图本

清代吴任臣近文堂图本

080　陪孩子读《山海经》·鱼蛇篇

清代《禽虫典》

鳛鱼 huá yú

长着翅膀会发光的鱼

《东山经》

又东南二百里，曰子桐之山。子桐之水出焉，而西流注于余如之泽。其中多鳛鱼，其状如鱼而鸟翼，出入有光。其音如鸳鸯，见则天下大旱。

明代蒋应镐图本

形态 长着一对鸟翅
叫声 像鸳鸯鸣叫
技能 出入水中时会发光，能预示大旱灾
住址 子桐山子桐水

钦山再往东南二百里是子桐山，子桐水从这座山发源，然后向西流到余如泽。鳑鱼就生活在子桐水中，它的形状跟一般的鱼很像，但是长着一对像鸟一样的翅膀，出入水中时，身上还会闪闪发光。它发出的声音就像鸳鸯在叫。

鳑鱼是一种不祥之鱼，它一旦出现，就预示着天下将会发生大旱灾。

乐游山上也有很多鳑鱼。跟子桐山上的不太一样，乐游山上的鳑鱼跟现在的肺鱼比较像。肺鱼个体大小、色泽的差异都很大，有的身上有斑纹，有的则没有，但没有两条肺鱼的斑纹是相同的。

清代吴任臣近文堂图本

清代汪绂图本

明代胡文焕图本

豪鱼 háo yú

尾巴上长羽毛的鱼

《中山经》

又东十五里,曰渠猪之山。其上多竹,渠猪之水出焉,而南流注于河。其中是多豪鱼,状如鲔,赤喙,尾赤羽,可以已白癣。

今名 鲟鱼
形态 形状像鲔鱼,但长着红色的鸟嘴,尾巴上还长有红色的羽毛
功效 吃了它的肉能治白癣
住址 渠猪山渠猪水

渠猪山上长着很茂密的竹林，还有一条河叫渠猪水，它从这座山上发源，然后向南流去，最后流到黄河。渠猪水里有一种鱼叫豪鱼，形状像鲔鱼，但它长着红色的鸟嘴，尾巴上还长有红色的羽毛。据说，如果有人得了白癣之类的病，吃了它的肉就能治好。

> 《山海经》中除了豪鱼，还有几种鱼，吃了可以治疗疾病的。比如，柢（dǐ）山的鯥，吃了它的肉可以治好痈肿；牛首山上的飞鱼，吃了它的肉可以治疗痔疮和痈疾。

飞鱼
fēi yú

带蝉翼会飞会游的鱼

《中山经》

劳水出焉,而西流注于潏(yù)水。是多飞鱼,其状如鲋(fù)鱼,食之已痔。

明代蒋应镐图本

形态 看起来像鲫鱼,翅膀像蝉翼一样透明
爱好 成群出行,喜欢跃出水面
功效 吃了它的肉能治愈痔疮和痢疾
住址 牛首山劳水

劳水的源头在牛首山上，它向西流去，最后注入滫水。水里有很多飞鱼，它们看起来像鲫鱼，但是翅膀像蝉翼一样，清透明亮。古人认为这种鱼能够飞到云里，也能在惊涛骇浪中游泳。它们喜欢跃出水面，还喜欢成群出行。据说吃了飞鱼的肉能治愈痔疮和痢疾。

研究人员普遍认为《中山经》中的飞鱼就是现在的斑鳍飞鱼。斑鳍飞鱼的鳞片又大又薄，胸鳍是半透明的，上面还有黑褐色的斑点。它们随着黑潮向北洄游，能利用胸鳍跃出水面滑翔百余米。飞鱼的胸鳍特别发达，张开的时候就像一对翅膀一样。它们能在水面飞行数十米远。

每年三月初到九月底，大批的斑鳍飞鱼随太平洋黑潮洄游，会出现飞鱼群飞的壮观场面。

明代胡文焕图本

旋龟 xuán guī

鸟头乌龟

《中山经》

又西七十二里,曰密山。其阳多玉,其阴多铁。豪水出焉,而南流注于洛;其中多旋龟,其状鸟首而鳖尾,其音如判木。

明代蒋应镐图本

形态 脑袋像鸟,尾巴像鳖
叫声 像是在敲打木棒
住址 密山豪水

谷山再往西七十二里是密山，豪水从这座山发源，然后向南奔腾而去，最后注入洛水，豪水中生活着很多旋龟。《山海经》中有两个地方提到旋龟：一是《南山经》中杻阳山旋龟，它长着一个鸟头，声音像敲打破木头的声音。二是这里提到的密山旋龟，它的脑袋像鸟，尾巴像鳖，叫起来好像敲击木头的声音。

清代汪绂图本

清代汪绂图本

清代萧云从《天问图》

脩辟鱼

xiū bì yú

白嘴青蛙鱼

《中山经》

橐（tuó）水出焉，而北流注于河。其中多脩辟之鱼，状如黾而白喙，其音如鸱（chī），食之已白癣。

清代汪绂图本

今名 弹涂鱼
形态 形状像青蛙，却长着白色的嘴巴
叫声 像鹰叫
习性 水陆两栖
功效 吃了它的肉能治疗白癣之类的病
住址 橐山橐水

傅山再往西五十里是橐山,山上有很多树,其中大部分是臭椿树,还有茂密的蒿草。橐水从这座山发源,奔出山涧后向北流淌,最后注入黄河,脩辟鱼就生活在橐水中。脩辟鱼的形状像青蛙,却长着白色的嘴巴,发出的声音就像鹰叫。人吃了这种鱼的肉能治愈白癣之类的病。

> 根据脩辟鱼的外形推测,它可能是今天的弹涂鱼。这是一种进化程度较低的古老鱼类,它们把腹鳍当作吸盘,以此来抓住树木,然后用胸鳍向上爬行,能较长时间待在水域外。

鯩<small>lún</small>鱼<small>yú</small> 黑斑鲫鱼

《中山经》

来需之水出于其阳，而西流注于伊水。其中多鯩鱼，黑文，其状如鲋（fù），食者不睡。

明代蒋应镐图本

形态 体形和鲫鱼相似，浑身长满黑色斑纹
功效 吃了它的肉能精神饱满，不会犯困，还能消除肿痛
住址 半石山来需水

大䈸（kǔ）山再往东七十里是半石山，来需水发源于这座山的南麓。水中生长着很多鯩鱼，它的体形和鲫鱼相似，但浑身长满黑色斑纹。据说，吃了它的肉，就能精神饱满，不会犯困，还能消除肿痛。

　　传说，鯩鱼和雷神还有些渊源。雷神是人首龙身神，身上有很多鳞片；它受伤后，鳞片掉到了水里，就变成了鯩鱼。

清代汪绂图本

䲢鱼 téng yú

青斑红尾鳜鱼

《中山经》

合水出于其阴，而北流注于洛，多䲢鱼，状如鳜（guī），居逵，苍文赤尾，食者不痈，可以为瘘。

> 明代蒋应镐图本

形态 形状像鳜鱼，浑身长满青色斑纹，尾巴是红色的
习性 整天隐居在水底洞穴
功效 吃了它的肉就不会患上痈肿等疾病，还可以治好瘘疮
住址 半石山合水

合水从半石山的北麓流出，然后向北流淌，注入洛水。水中生长着很多腾鱼，它们的形状像鳜鱼，浑身长满青色斑纹，身后的尾巴是红色的。腾鱼整天隐居在水底的洞穴中。据说，吃了它的肉就不会患上痈肿疾病，还可以治好瘘疮。

传说，腾鱼跟鳌有些渊源。共工撞断不周山后，女娲用巨鳌的四只脚做了支撑天的柱子。之后，女娲费尽心思保住了巨鳌的性命，用补天剩下的那块五彩石给它做了一条尾巴，让它住在半石山中。腾鱼就是这只巨鳌的后代，它们生活在半石山的合水中。

> 现在的瞻星鱼又叫腾鱼，跟《山海经》里的腾鱼不是一种鱼。瞻星鱼是一种极其凶猛的鱼，它常年生活在水底。它能把自己下嘴唇的红色凸起物伸出去老远。红色凸起物是修长的，在海底沙上的活动姿态更像是一条蠕虫。

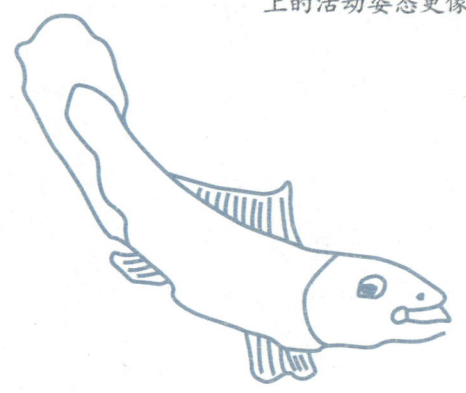

鲛鱼 jiāo yú

珍珠斑纹鲨鱼

《中山经》

漳水出焉，而东南流注于雎（jū）。其中多黄金，多鲛鱼，其兽多闾（lú）麋。

明代蒋应镐图本

今名 鲨鱼
形态 体形庞大，鱼皮上有珍珠似的斑纹，而且十分坚硬
习性 小鲛鱼早上从母亲嘴里游出，傍晚又回到母亲腹中休息
技能 尾部有毒，能蜇人
住址 荆山漳水

漳水从荆山发源，奔出山涧后向东南流淌，注入睢水。水中盛产黄金，还生长着很多鲛鱼。鲛鱼又叫鲨鱼，体形庞大，鱼皮上有珍珠似的斑纹，而且十分坚硬，可以用来装饰刀剑。鲛鱼的尾巴有毒，能蜇人。它的肚子上有两个洞，里面可以存水养孩子，一个小洞里能存一条小鲛鱼。小鲛鱼早上从母亲的嘴里游出来，傍晚再回到母亲的肚子里休息。

鲛鱼跟鲛人不是一个物种，虽然它们都是鱼身，但鲛鱼是一种食用鱼，也是一味中药。《食疗本草》中说，鲛鱼可以补五脏；《医林纂要》中说，鲛鱼能消肿去瘀。鲛人更类似一种美人鱼。鲛人还能织出龙绡，滴泪成珠。李商隐《锦瑟》中的"沧海月明珠有泪"就是引用了鲛人的传说。

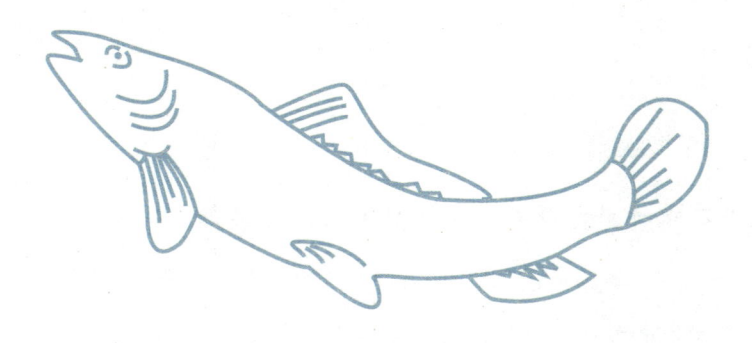

雷神 léi shén

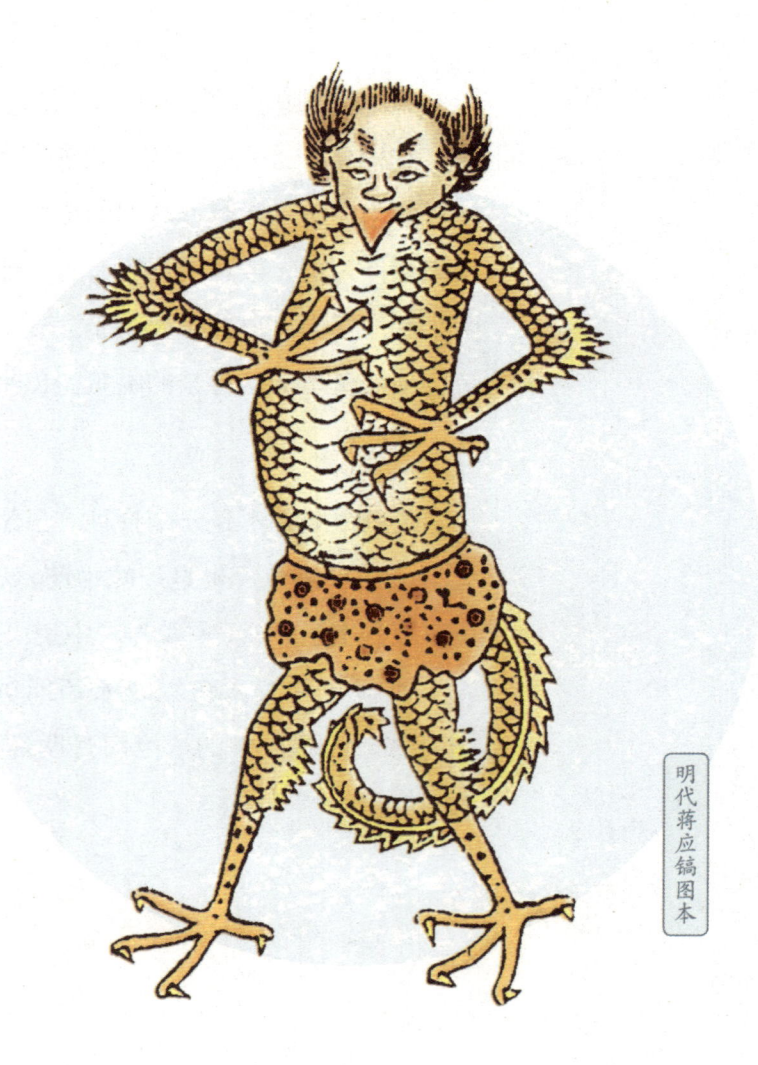

人头龙身神

《海内东经》

雷泽中有雷神,龙身而人头,鼓其腹。在吴西。

形态 龙的身子、人的头
爱好 在雷泽中游戏玩耍,拍打自己的肚子玩
技能 惩罚罪恶之人
住址 雷泽,吴国的西部

明代蒋应镐图本

雷泽在吴国的西部，也就是今天山东省的菏泽市。雷泽中住着一位雷神，他长着龙的身子、人的头，经常在雷泽中游戏玩耍。他喜欢拍打自己的肚子玩，而且一拍肚子，就会发出一阵轰隆隆的雷声。

古人对打雷这种自然现象不了解，因此演化出一系列有关雷的传说。在古代中国，雷神的形象是不断演变的。最初，人们把他塑造成人头龙身的怪物，后来又渐渐变成尖嘴猴脸的形象，并逐渐定型。

雷泽西岸（现在的菏泽市牡丹区辛集镇）有一条雷河，华胥国的人民都聚居在雷河两岸。那时的雷神是一个人，当他不顺心时，就拍打自己的肚子，雷河上就浊浪滚滚，汹涌起伏。要是雷神发怒了，河水就变得恶浪滔天，人们对此毫无办法。

有个华胥姑娘去雷神的殿堂找他评理，她的胆大和直率感动了雷神。雷神让华胥姑娘嫁给他。为了华胥国的安危，华胥姑娘答应嫁给雷神。一年后，华胥姑娘给雷神生了个儿子，雷神非常高兴，脾气也越来越好，从此雷神只在农时节气打雷闪电，行云布雨。于是雷河两岸从此风调雨顺，五谷丰登。

经年累月，华胥姑娘非常想念家乡，于是，她就把儿子放在葫芦上，让他顺水而下，回到华胥国。他的姥姥看见他是坐着葫芦来的，按华胥国方言，"伏羲"与"葫芦"谐音，因此给这个外孙取名伏羲。伏羲长大后，看见蜘蛛织网发明了网，用网在水里捕鱼、在林中捕鸟。

因伏羲发明了熟食，人们称他为庖（páo）牺，意思

苗绣爱变脸的雷公

苗绣穿民族服装的雷公

100　陪孩子读《山海经》·鱼蛇篇

是他是最好的厨师。伏羲想念母亲，就建造了一个木天梯上天庭看望母亲。天帝听了雷神的禀告，就封伏羲为华胥国国君（实为华胥部落首领），做人间的王。

中国古代先民对雷神的信仰源于对雷电的自然崇拜。在远古时代，气候变化无常，晴朗的天空会突然乌云密布，雷声隆隆；雷电有时会击毁树木，使人畜丧命。于是人们认为天上有神在发怒，进而产生恐惧感，对之加以膜拜。在中国人的理念中，雷神是惩罚罪恶的人的神。如果有人做了坏事或违背了誓言，就有可能遭五雷轰顶而死去。雷神的形象也从单纯的自然神，逐渐转变为具有复杂社会职能的神。中国民间把雷神的生日定在农历六月二十四日。在这一天，人们要举行祭祀仪式。这种祭祀寄托了中国劳动人民一种驱邪、避灾、祈福的美好愿望。

明代蒋应镐图本

鼍 tuó

能吞云吐雾的扬子鳄

《中山经》

又东北三百里，曰岷（mǐn）山。江水出焉，东北流注于海，其中多良龟，多鼍。

明代蒋应镐图本

今名 扬子鳄
形态 形状像蜥蜴，长达两丈
爱好 晒太阳、睡觉
习性 以其他鱼类为食
技能 能横向飞翔，会吞云吐雾
功效 它的皮可以用来做鼓
住址 江水

江水发源于岷山，向东北滔滔流去，注入大海。水里生活着许多品种优良的龟，还有许多鼍。其实，鼍就是扬子鳄，俗名土龙、猪婆龙。它的形状像蜥蜴，长可达两丈。它是一种神鱼，能横向飞翔，却不能直接向上飞起；能吞云吐雾，却不能兴风下雨，它的尾巴一甩就能将河岸崩落。鼍以其他鱼类为食，喜欢晒太阳、睡觉。

鼍的皮是做鼓的好材料。鼍鼓自古以来就是国家的重要礼器。帝颛顼曾经命令鼍演奏音乐，鼍便反转了身子，用尾巴敲击肚皮，发出嘤嘤的声音。

> 鼍是中国特有的一种鳄鱼，是国家一级保护动物，严禁捕杀。

清代汪绂图本

清代《禽虫典》

三足鳖 sān zú biē

尾巴分叉的三足鳖

《中山经》

又东南三十五里，曰从山。其上多松柏，其下多竹。从水出于其上，潜于其下，其中多三足鳖，枝尾，食之无蛊疫。

清代《尔雅音图》

形态 外形是鳖，只有三只脚，尾巴分叉
功效 有的说，吃了它的肉会被毒死；也有的说，吃了它的肉可以预防疑心病
住址 从山从水

扫码听故事

从水从从山山顶上流下来，水里栖息着很多三足鳖，它们的尾巴是分叉的。传说三足鳖的名字叫能，是大禹的父亲鲧（gǔn）变成的。古人认为，吃了三足鳖的肉就会被毒死。

传说，太仓这个地方有一个人得到一只三足鳖，妻子把它做成食物。这个人吃了以后，刚想躺下来休息，他的身体就化成了血水，全身只剩下头发了。他的邻居怀疑他是被妻子害死的，于是报了官。当时的知县断不清这个案子，就让人找了一只三足鳖，让死者的妻子像之前那样烹饪，再让死囚吃掉。结果死囚的身体也化成了血水，这才证明了死者妻子的清白。

也有人说，这种尾巴分叉的三足鳖是一种良药，吃了它的肉，可以预防疑心病。

清代汪绂图本

烛阴 zhú yīn

人面蛇身的山神

《海外北经》

钟山之神，名曰烛阴，视为昼，瞑为夜，吹为冬，呼为夏，不饮，不食，不息，息为风，身长千里。在无启之东。其为物，人面，蛇身，赤色，居钟山下。

清代萧云从《天问图》

形态 长着人的面孔、蛇的身子，全身赤红
习性 平时不喝水、不吃食物、不呼吸
技能 威力巨大，睁开眼睛人间便是白昼，闭上眼睛宇宙便是黑夜；一吸气天下便是寒冬，一呼气世界便是炎夏，一呼吸就生成风
住址 钟山，无启国的东边

钟山的山神名字叫烛阴，他的样子也很奇特，长着人的面孔、蛇的身子，全身赤红，就住在钟山脚下。他威力巨大，睁开眼睛，人间就是白昼，闭上眼睛，宇宙便是黑夜；一吸气天下就是寒冷的冬天，一呼气世界就是炎热的夏天，一呼一吸就会生成风。他平时不喝水、不吃食物、不呼吸。他的身子有千里之长，居住在无启国的东边。也有人把他叫作烛龙，认为他是一位威力跟盘古相当的创世神。

> 流传到日本后，烛阴仍以巨大龙神的形象出现。

明代胡文焕图本

长沙马王堆出土帛画

日本鳥山石燕絵

巴蛇
bā shé

可以吞下大象的蛇

《海内南经》

巴蛇食象，三岁而出其骨，君子服之，无心腹之疾。其为蛇青赤黑。一曰黑蛇青首，在犀牛西。

明代蒋应镐图本

形态 体形很大，身长可达十丈，蛇皮色彩斑斓
技能 能吞下大象
功效 有才能、品德高尚的人吃了它的肉，就不会心痛或肚子痛
住址 兕（sì）所在之地的西面

巴蛇住在兕所在之地的西面。巴蛇外表的皮肤是青色、红色和黑色混合相间的颜色，色彩斑斓。它有着黑色的身子、青色的脑袋。

巴蛇的体形很大，身长可达十丈，能吞下大象。之后，它要经过三年的时间才能消化干净，把大象的骨头吐出来。如果吃的是獐（zhāng）、鹿之类的动物，就连骨头都不会吐了，直接在体内完全消化。

巴蛇曾经袭击人类，所以黄帝派后羿去杀它。后羿先用箭射中了巴蛇，然后一直追赶它，直到遥远的西方，才追上并把它砍成两段。后来，巴蛇的尸体变成了一座山丘，就是现在的巴陵。

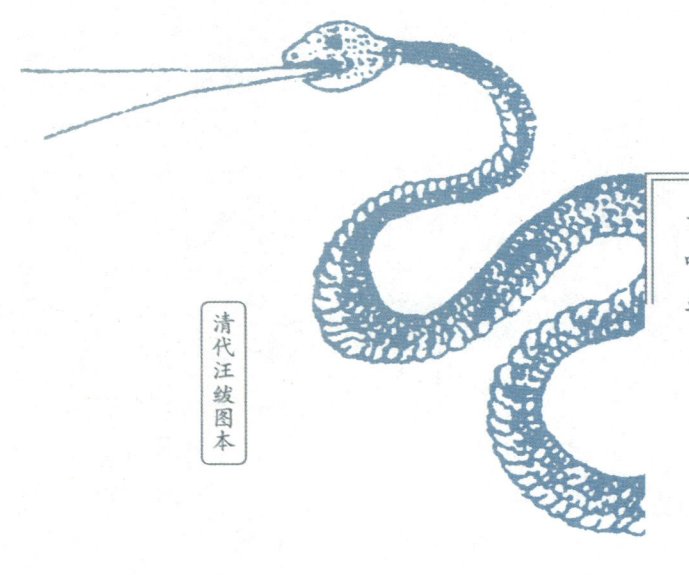

清代汪绂图本

古人认为有才能、品德高尚的人吃了巴蛇的肉，就不会再被心痛或肚子痛之类的疾病困扰。

清代萧云从《离骚图》

清代毕沅图本

112　陪孩子读《山海经》·鱼蛇篇

清代《禽虫典》

六首蛟 liù shǒu jiāo

六头四脚蛇

《海内西经》

开明南有树鸟、六首蛟、蝮、蛇、蜼(wěi)、豹、鸟秩树,于表池树木,诵鸟、鶽(sǔn)、视肉。

明代蒋应镐图本

形态 蛇身蛇尾,四只脚,六个脑袋
技能 祥瑞、神圣的象征
住址 开明南一带

六首蛟是一种外形奇异的动物，它长着蛇身、蛇尾，有四只脚、六个脑袋，住在开明南一带。民间把四只脚的蛟称为龙，把它作为祥瑞、神圣的象征。

在翼望山贶（kuàng）水里也有很多蛟，不过这些蛟的外形像蛇，有四只脚，头很小，脖子也很细，脖颈上还长着白色的肉瘤。它十分凶猛，能吃人，还能发起洪水。

蛟会选择特定的地理位置，积蓄天地之间的能量，化为龙，这个过程称为走蛟。传说，有夜明珠的地方，一定能吸收星月的精华，而蛟通常也会选择这些地方化成龙。

图为《吴友如画宝》。九江北岸的广济县有蛟龙出现，只见天上云雾缭绕，蛟龙弯曲着身体，摇摆着尾巴。大家仰着头，吃惊地看着这幅奇异的景观。

清代《吴友如画宝》

大蟹
dà xiè

只能待在海里的螃蟹

《海内北经》

大蟹在海中。

明代蒋应镐图本

形态 身形巨大
住址 海里

大蟹生活在海里，它的身体长达千里，举起的螯比山还高，所以它只能生活在水中。曾经有人在海里航行，看到一个小岛，岛上树木茂盛。于是，人们便下船上岸，在水边生火做饭。谁知饭才做到一半，岛上的森林就已经淹没在水里了。人们急忙上船砍断缆绳，等船划到远处才看清，原来刚才的岛是一只巨大的螃蟹。森林就长在螃蟹的背上，可能是人们生火的时候，不小心把它灼伤了，才迫使它下沉。

> 日本传说中还有一种大蟹，叫作化蟹，也叫蟹坊主。它可以化成人形，是一种藏在寺庙里的猜谜怪物。

清代汪绂图本

陵鱼 líng yú

有手有脚的鱼

《海内北经》

陵鱼人面，手足，鱼身，在海中。

明代蒋应镐图本

又名 鲛（jiāo）人
形态 长着一张人脸，而且有手有脚，但身子却像鱼
技能 带来风浪
住址 海里

陵鱼的身子像鱼,却长着一张人脸,而且有手有脚,它生活在海中。传说,陵鱼一出现就会风浪骤起。有人认为陵鱼就是人鱼,又叫鲛人。她们都是些美丽的女子,生活在水里,仅在水中寻找食物。她们的皮肤像玉一样白,长发乌亮如黑缎。她们眼里流出来的泪水,会变成晶莹璀璨的珍珠。她们能像一般的少女一样纺纱织布。

传说有一天,一个鲛人从水中出来。把鱼尾隐藏起来后,寄住在一户人家中,天天以卖纱为生。在将要离开的时候,她来答谢主人。她向主人索要了一个容器,对着它哭泣。转眼,那些泪珠就成了珍珠。

清代吴任臣乾隆图本

阳华山杨水里的人鱼,是一种四脚娃娃鱼,它的外形像鲇鱼,叫声像小孩在哭。传说大旱的时候,鲵便含水上山,用草叶盖住自己的身体,将自己隐藏起来,然后张开嘴,等天上的鸟来它嘴里饮水时,就趁机将鸟吸入腹中吃掉。

清代汪绂图本

清代郝懿行图本

玄蛇 xuán shé

黑色的大蛇

《大荒南经》

有荣山，荣水出焉。黑水之南，有玄蛇，食麈（zhǔ）。

明代蒋应镐图本

又名 元蛇
形态 大小和巴蛇差不多
技能 能够吃掉麈（一种鹿）
住址 黑水南岸

在荣山附近，有荣水和黑水。在黑水的南岸，住着一种巨蛇，它浑身漆黑，名叫玄蛇或元蛇。玄蛇能够吃掉麈，看来它的大小和巴蛇差不多。

玄蛇常常出没在巫山，巫山是天帝存放不死之药的地方，玄蛇有时候还会偷吃仙药，所以有黄鸟专门在此看守玄蛇。

玄蛇作为一种长相恐怖、拥有特殊力量的蛇，在很多文学作品或者游戏里都有出现。

麈的个头要比鹿大，它的尾巴能制作拂尘。

明代蒋应镐图本

育蛇 红颜色的蛇

yù shé

清代汪绂图本

《大荒南经》

有宋山者,有赤蛇,名曰育蛇。有木生山上,名曰枫木。枫木,蚩尤所弃其桎梏,是为枫木。

形态 红颜色的蛇
住址 宋山

宋山上栖息着一种红颜色的蛇，名叫育蛇。山上还生长着一种树木，名叫枫木。传说，蚩尤被黄帝捉住后，手脚都被戴上了枷锁、镣铐。之后，黄帝在黎山将蚩尤处死，他身上的枷锁、脚镣被丢弃在这里，化成红色的枫林。后来山中的育蛇也是红色的，不禁让人联想到，是不是因为育蛇在枫木下待的时间太长，所以才变成了红色。

> 蚩尤是敬奉枫木的部落联盟首领，所以黄帝才特意用枫木作"桎梏"囚禁他，以达到辱其祖先、以示惩戒的效果。而蚩尤是苗族先民的首领，这说明苗族以枫木为图腾由来已久。

鱼妇 yú fù

一半活一半死的鱼

清代汪绂图本

《大荒西经》

有鱼偏枯,名曰鱼妇。颛顼死即复苏。风道北来,天乃大水泉,蛇乃化为鱼,是为鱼妇。颛顼死即复苏。

形态 身子一半是干枯的,一半是鲜活的有一种鱼，它的身子一半是干枯的一半是鲜活的，它的名字叫鱼妇。传说它是颛顼死了之后，立即苏醒后变化而成的。如果有大风从北方吹来，吹得泉水涌动，在这个时候蛇就会变成鱼，这就是所谓的鱼妇。而死去的颛顼就是趁蛇鱼变化未定的时候附到鱼身上复活的。

> 《山海经》中死而复生的变化神话中，主角复生后有变成动物形态、植物形态，还有的是原体复印，比如复生为动物的精卫、鼓、鱼妇，复生为植物的瑶草、枫木，原体复生的刑天、夏耕尸。

延维 yán wéi

长着两个人头的蛇

《海内经》

有人曰苗民。有神焉，人首蛇身，长如辕，左右有首，衣紫衣，冠旃（zhān）冠，名曰延维，人主得而飨（xiǎng）食之，伯天下。

明代蒋应镐图本

形态 长着两个人头，蛇身长长的，像车辕，穿紫衣，戴红帽
功效 人主得到它后加以奉飨祭祀，便可以称霸天下
住址 苗民国

扫码听故事

苗民国有一个神，长着人的脑袋、蛇的身子，身躯长长的像车辕，左右两边各长着一个脑袋，穿着紫色衣服，戴着红色帽子，名叫延维。人主得到它后加以奉飨祭祀，便可以称霸天下。延维又叫委蛇、委维或委神，是水泽之神。

传说，齐桓公在大泽狩猎时看到了延维，当时桓公不知那是什么东西，就对旁边的管仲说："我看见鬼了，仲父你看见了吗？"管仲却说："臣下什么也没看见啊。"齐桓公心存疑虑，回去之后便生病了，数日没有上朝。

齐国的皇子告敖（áo）知道这件事之后就去觐见桓公，说道："这是您自己的心病，恶鬼怎么能伤害到您呢？"桓公问："难道没有鬼吗？确实就我一个人看见了啊。"皇子答道："确实有鬼，山上有夔（kuí），原野中有彷徨，水泽中有委蛇。您在水泽狩猎，看到的自然是委蛇。"

桓公就问："委蛇是什么形状呢？"皇子说："委蛇大小和车毂（gǔ）相当，长短和车辕相近，穿紫色衣服，戴红色冠冕。它不喜欢听雷声车响，往往支着脑袋站立着。谁看见它谁就能称霸天下，所以它不是一般人所能见到的。"听到这里，桓公精神振奋，大笑起来，说："这就是我所看到的啊！"于是整理衣冠，坐着和皇子聊了起来。当天，他身上的病就消失得无影无踪了。后来齐桓公果然称霸，成为春秋五霸之首。

除延维之外，《山海经》中还有很多人面蛇神的形象，如烛阴、相柳、窫（yà）窳（yǔ）等，其中最著名的是中华民族的始祖神伏羲和女娲。

清代汪绂图本

应龙 yìng lóng

黄帝的神龙

《大荒东经》

大荒东北隅中，有山名曰凶犁土丘。应龙处南极，杀蚩尤与夸父，不得复上，故下数旱。旱而为应龙之状，乃得大雨。

明代蒋应镐图本

技能 兴云布雨
住址 南方

在远古神话当中，应龙是雨神，住在南方。它是黄帝的神龙，在黄帝与蚩尤的战争当中，它杀了蚩尤和夸父，立下了赫赫战功。但也因为这个原因，它再也不能回到天上。天上没了应龙兴云布雨，人间从此年年干旱。

于是，一旦遭遇干旱的天气，人们就装扮成应龙的样子求雨。天帝看到这种情形，往往会满足人们的愿望，降下甘霖。后来，大禹治水的时候，应龙又在前面用龙尾在地上划出了河道，引导洪水流向大海。

相传，殷初商汤看到肥遗蛇，结果招致了商朝长达七年的旱灾。后来，商汤模仿应龙的样子做了一条土龙来求雨，过了没多长时间，天空果然阴云密布，一会就下起了滂（páng）沱（tuó）大雨，从而结束了七年的干旱。

> 应龙是龙里面最神异的。蛟经过千年才能化为龙，龙经过五百年才能化为角龙，角龙要再过千年才能化为应龙。应龙是吉祥的象征，在汉代的画像和石像上，应龙曾大量出现，充当驱逐邪魔的角色。

明代胡文焕图本

清代萧云丛《天问图》

131

gǔ 鼓 人面龙身神

《海内经》

炎帝之孙伯陵,伯陵同吴权之妻阿女缘妇,缘妇孕三年,是生鼓、延、殳(shū)。始为侯,鼓、延是始为钟,为乐风。

明代胡文焕图本

形态 人面龙身
技能 预示战争
住址 钟山

扫码听故事

鼓是钟山山神烛阴的儿子，他的形貌是人面龙身。鼓在西方第三列山系的诸山神中具有较高的地位，他原来不但是钟山山神，而且兼有神职。虽然没有固定的祭祀它的仪式，但他仍然受到世人的祭拜。

古时天上诸侯常有纷争，有一次，鼓施用诡计，联合一个叫钦䲹（pī）的天神，在昆仑山南面将另一个名叫葆江的天神杀死了，因此天帝在钟山东面一个叫瑶崖的地方将肇（zhào）事者鼓与钦䲹杀死。

这两个神死后灵魂不散。钦䲹化为一只大鹗（è），像普通的雕鹰，却长着黑色的斑纹和白色的脑袋，还有红色的嘴巴和老虎一样的爪子，能发出像晨鹄的叫声。钦䲹是一种灾鸟，它一出现就有大的战争。

鼓死后化为鵕（jùn）鸟，形状像鹞（yáo）鹰，但长着红色的脚和直直的嘴，身上是黄色的斑纹，而头却是白色的，发出的声音与鸿鹄的鸣叫很相似。它在哪个地方出现，哪里就会有旱灾。

清代汪绂图本

明代胡文焕图本

图书在版编目（CIP）数据

陪孩子读《山海经》. 鱼蛇篇 / 徐客著. -- 南京：江苏凤凰美术出版社, 2019.1（2020.7重印）

ISBN 978-7-5580-5490-7

Ⅰ.①陪… Ⅱ.①徐… Ⅲ.①历史地理 - 中国 - 古代 - 少儿读物 Ⅳ.①K928.631-49

中国版本图书馆CIP数据核字(2018)第256580号

监　　制	黄利　万夏
选题策划	紫图图书 ZITO®
责任编辑	王林军　奚鑫
特约编辑	朱彦沛
营销支持	曹莉丽
封面上色	邱妍婷
装帧设计	紫图装帧
责任监印	生嫄

书　　名	陪孩子读《山海经》·鱼蛇篇
著　　者	徐客
出版发行	江苏凤凰美术出版社（南京市中央路165号　邮编：210009）
出版社网址	http://www.jsmscbs.com.cn
制版印刷	艺堂印刷（天津）有限公司
开　　本	787mm×1092mm　1/16
总 印 张	44
版　　次	2019年1月第1版　2020年7月第5次印刷
标准书号	ISBN 978-7-5580-5490-7
总 定 价	199.00元（全四册）

营销部电话　025-68155790　营销部地址　南京市中央路165号
江苏凤凰美术出版社图书凡印装错误可向承印厂调换
未经许可，不得以任何方式复制或抄袭本书部分或全部内容
版权所有，侵权必究